BOUDIN

le ciel et la mer

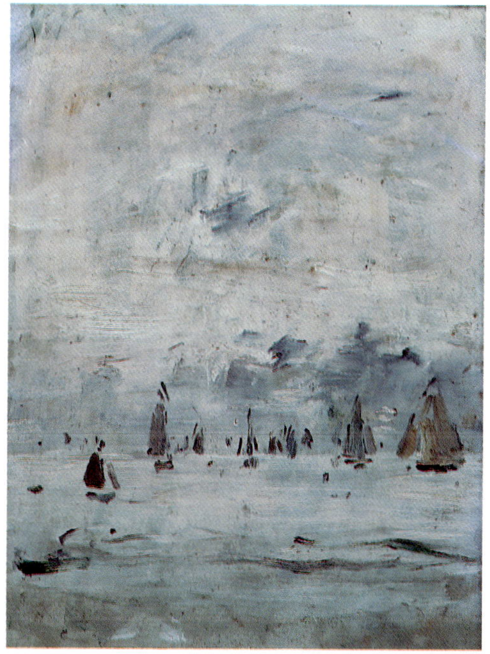

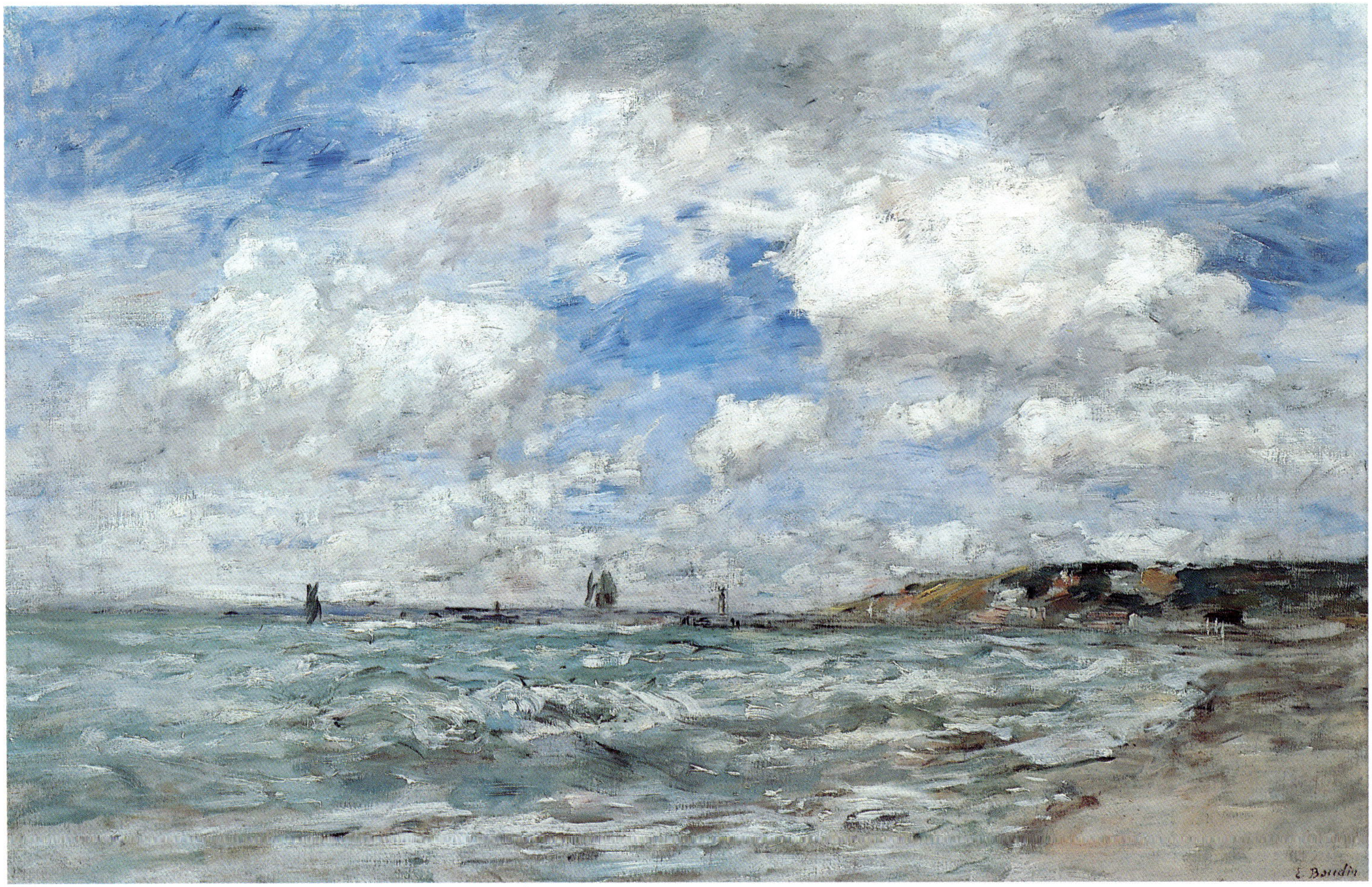

RIVAGE A TROUVILLE, 1894-1897.

BOUDIN

le ciel et la mer

Laurent Manœuvre

HERSCHER

A Anne-Marie
Kuenegel

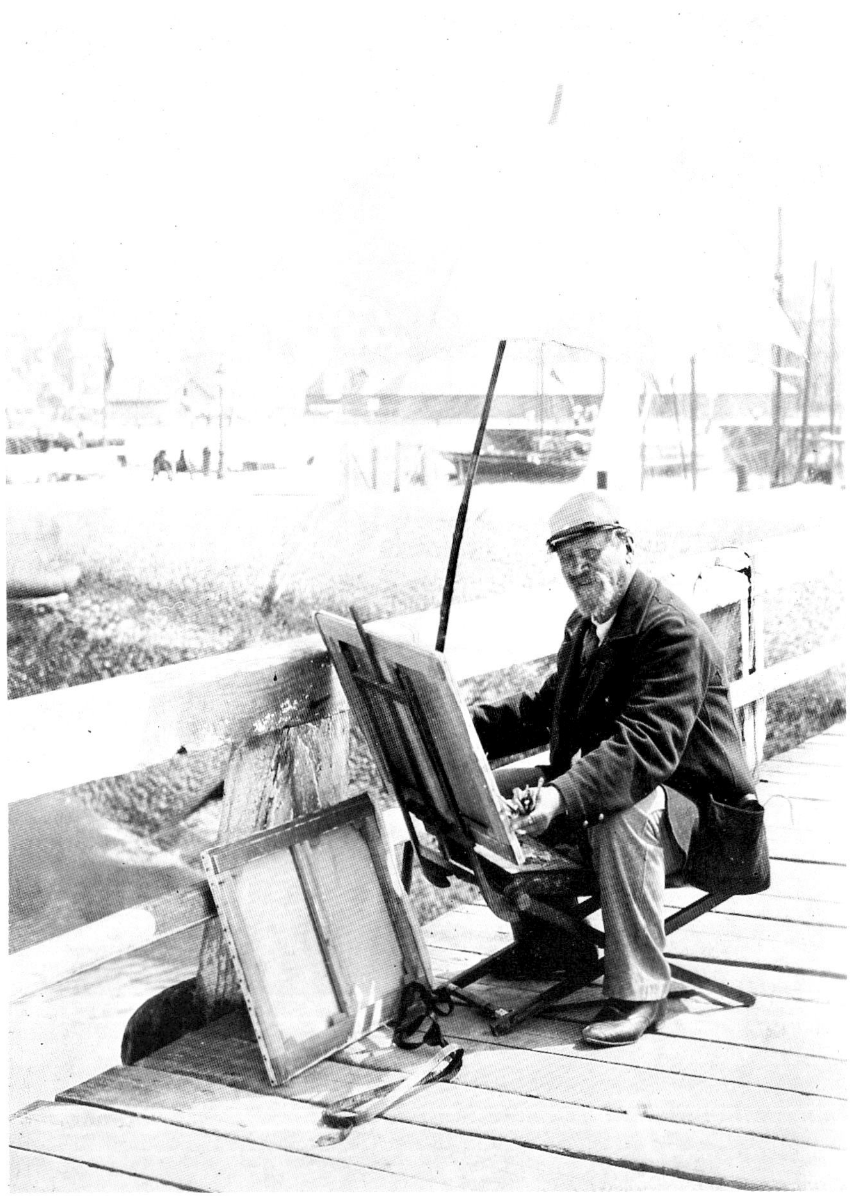

Eugène Boudin peignant sur le quai de Trouville en 1896.

INTRODUCTION

Eugène Boudin est souvent présenté comme l'un des traits d'union entre l'École de Barbizon et l'Impressionnisme. Certes, son année de naissance – 1824 – le place presque à mi-chemin entre les deux mouvements, plus près toutefois du premier que du second : huit ans le séparent de Théodore Rousseau, seize de Monet. De toute façon, pour Boudin, la date de naissance s'avère un point de repère trompeur. Non seulement il se consacre à la peinture assez tardivement, mais il choisit, pour apprendre son nouveau métier, une solution particulièrement lente. Il ne fréquente aucun atelier, préférant grappiller ici et là, chez les vieux maîtres comme chez Corot, et surtout auprès de la nature. Cette démarche peu conformiste lui permet de développer sa personnalité en toute indépendance, à l'issue toutefois d'une longue période de maturation (pas moins de quatorze ans), au cours de laquelle dominent hésitations et doute. « Fini mon année plein de découragement », écrit-il dans son journal intime le 31 décembre 1854. Cinq ans plus tard, Courbet balaiera les dernières incertitudes de son nouvel ami. A partir de ce moment, et quelles que soient les difficultés financières ou les critiques, Boudin affirmera sereinement son originalité.

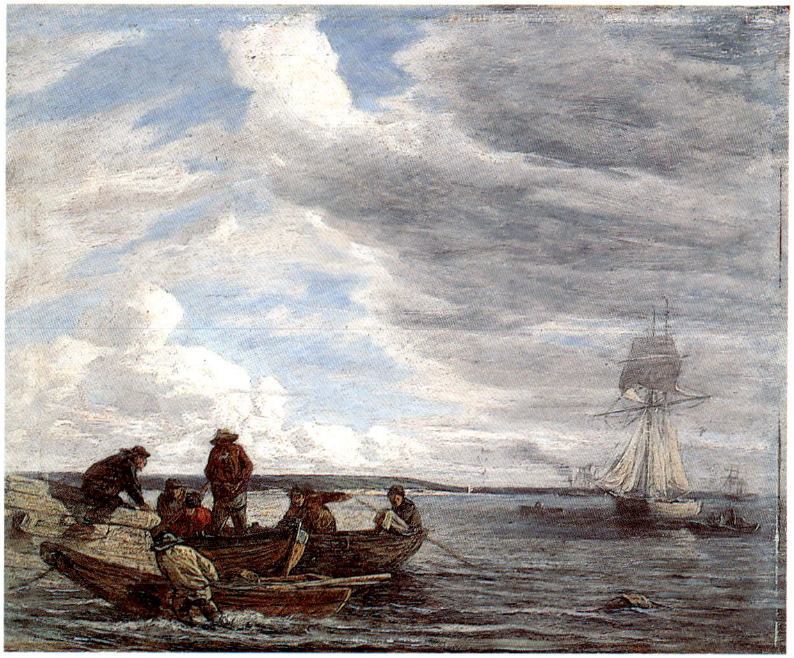

Pêcheurs en rade du Havre, 1852.

Ses premières peintures véritablement novatrices – des scènes de plage (p. 15, p. 17) – datent de 1863, année du scandale du *Déjeuner sur l'herbe* de Manet. Désormais la carrière de Boudin se développe *en même temps* que celle des Impressionnistes. En même temps ne signifie pas forcément avec. Si, en 1874, Eugène Boudin se joint au groupe des Impressionnistes, le temps de leur première exposition, à cette exception près, il ne se mêle jamais à ses confrères. Il se montre cependant attentif aux évolutions de ces derniers, allant parfois jusqu'à leur emprunter des éléments qui enrichissent son art, sans toutefois en dénaturer l'aspect particulier et, jusqu'à la fin de sa carrière, il continuera de peindre à sa manière, indifférent aux révolutions qui secoueront le mouvement impressionniste, avant de le faire éclater. Car Manet disparu, Monet évolue peu à peu vers un monde onirique, Pissarro s'enthousiasme pour le Néo-impressionnisme, et Degas, qui perd progressivement la vue, intensifie étrangement la couleur de ses pastels. Si, comme le remarque Michel Butor, « la fidélité à la nature est le nœud de la stratégie impressionniste », alors, dans ce panorama, seul Boudin restera jusqu'au bout, et uniquement dans ses œuvres officielles, véritablement impressionniste.

Boudin naît à Honfleur, d'un père matelot. Ceci explique en partie la familiarité du peintre avec le monde de la mer. Selon le *Guide pittoresque du voyageur en France*, publié en 1838, l'économie d'Honfleur repose essentiellement sur le port. Des navires baleiniers et morutiers y sont encore armés, et le commerce maritime, notamment l'exportation des productions agricoles des campagnes environnantes vers les pays nordiques et l'Angleterre, est assez considérable pour que la ville compte plusieurs vice-consulats, et même un entrepôt de denrées coloniales.

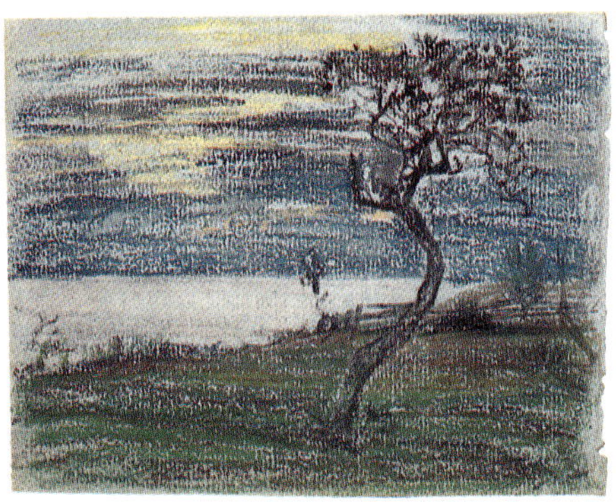

ESTUAIRE DE LA SEINE PRÈS DE HONFLEUR, 1854-1860.

Toute cette activité suscite des industries, fabriques de tonneaux, de biscuits de mer et de salaisons, tanneries, corderies et constructions navales. Mais, dès cette époque, Honfleur est durement concurrencé par Le Havre, alors en plein essor. En 1835, la famille Boudin n'échappe pas à l'attirance qu'exerce le port rival, et elle traverse l'estuaire. Malgré ce déménagement, les liens avec Honfleur ne seront jamais rompus. Les parents Boudin travailleront bientôt sur le vapeur qui assure quotidiennement, et en cinq quarts d'heure, la liaison entre les deux villes ; monsieur en tant qu'homme d'équipage, madame comme femme de chambre. Quant au peintre, pendant des années, il partagera son temps entre Honfleur et Le Havre.

Le monde dans lequel Boudin évolue au cours de son enfance et de son adolescence va influencer profondément, et durablement, son inspiration de peintre. Au Havre, il habite sur le Grand-Quai, en bordure du port. Celui-ci arrive alors juste derrière Marseille, pour l'importance du trafic. Ouverte sur le monde, la ville est dynamique. Après des études sommaires, Boudin participe à cette économie locale entreprenante. Il travaille d'abord dans une imprimerie, puis comme papetier-encadreur. Il pratique le dessin pendant ses temps libres, et il glane quelques conseils auprès de ses clients artistes de passage, Millet, Couture et Troyon.

En dépit de son admiration pour Millet et les peintres de Barbizon, et malgré la proximité de la campagne, Boudin n'a pas le goût du terroir. Il y aura pourtant une brève exception, lorsque, dans les années 1860, par l'intermédiaire de sa femme, il découvre la vie des paysans du Finistère. Séduit par ce monde austère, il se détourne de ses sujets habituels : « Cette plage de Trouville qui naguère faisait mes délices n'a plus l'air à mon retour que d'une affreuse mascarade. » Pourtant, en regard du contexte pictural de l'époque, sa production paysanne paraît peu novatrice, tant par les sujets, intérieurs de fermes ou d'églises obscurs, que par le traitement

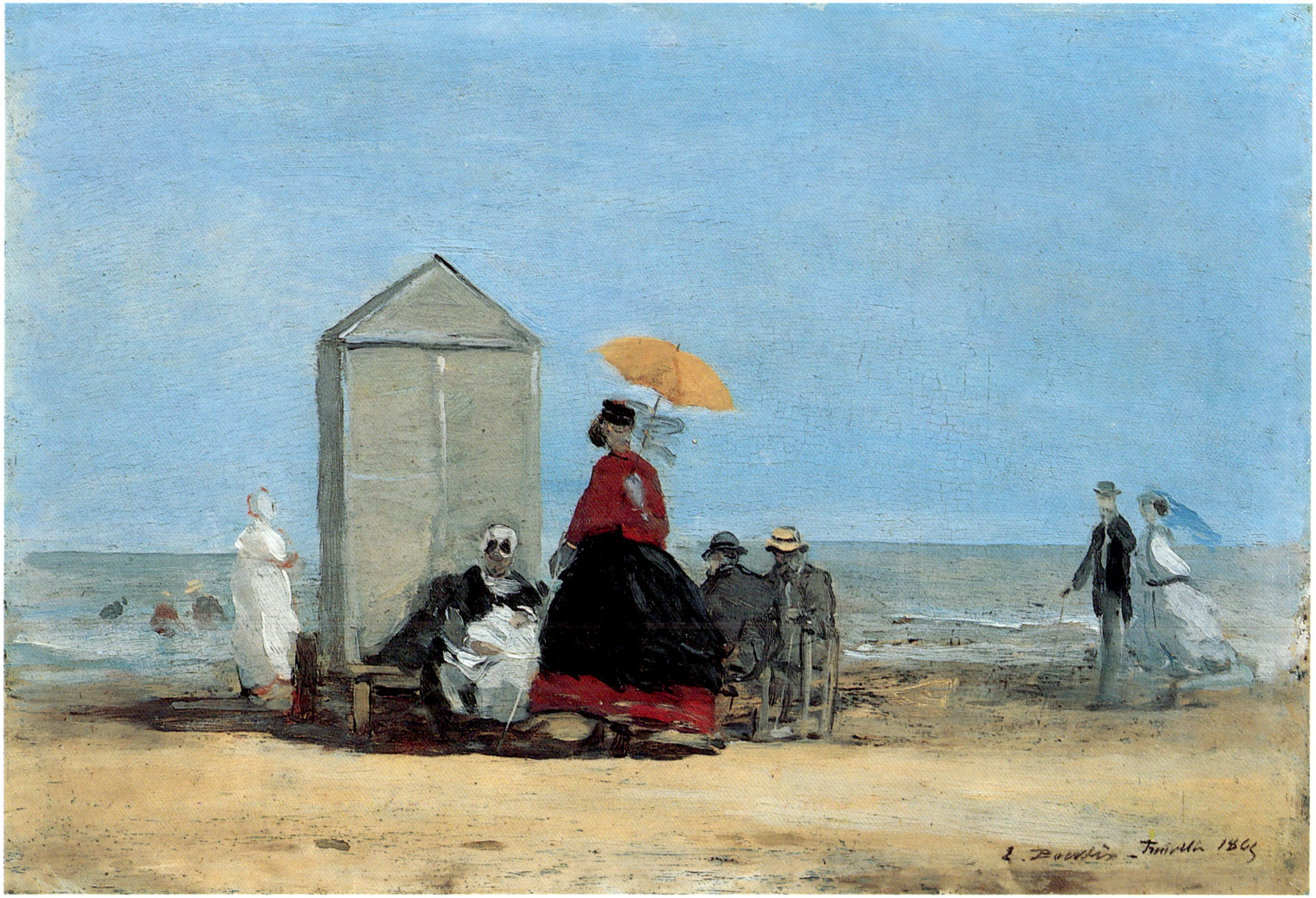

Sur la plage de Trouville, 1863.

néo-rembranesque de la lumière, pratique assez commune à l'époque. Mais ce ne sera qu'une passade, et le peintre reviendra vite au bord de mer et au "plein air". Au cours des ans, Boudin explorera les côtes, de Rotterdam à Bordeaux, et de Villefranche à Venise. Par goût, il se contenterait volontiers de son coin de Normandie natale. La diversité des thèmes d'inspiration n'y manque pas. Cependant, le peintre doit satisfaire aux exigences de ses clients. Ceux-ci désirent

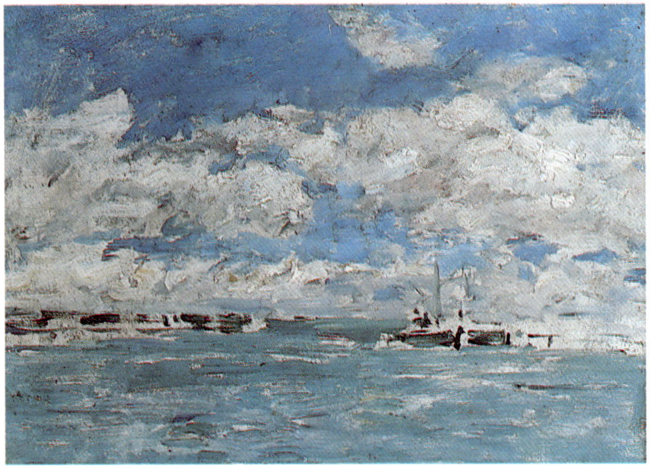

Nuages, ciel bleu et barques, 1895-1897.

un renouvellement des sujets, à l'intérieur, toutefois, des limites de la marine. Le peintre se voit donc contraint de chercher des horizons nouveaux, sans perdre de vue la mer. Il lui arrive quand même de s'enfoncer dans les terres, mais presque toujours lorsqu'il sait pouvoir y trouver un port. Ses choix répondent parfois à des commandes (Bordeaux), ou à la mode du moment (Berck), voire à un marché favorable (Anvers). De telles servitudes n'empêchent pas les réussites. Mais il est certain que les plages, vastes, dégagées, ouvertes sur le ciel, inspirent le peintre. « Pour mon compte j'aime peu les quais, il y a là un tohu-bohu de voitures, de colis, de barriques tout à fait comme au Havre, ou plutôt comme à Anvers ; tourbillon agréable pour ceux qui compulsent leurs bénéfices par le nombre de ballots ou de barriques qui sont affalés par les grues, mais cela n'amuse pas le rêveur qui préfère un peu de silence et de solitude, et les voix plus monotones, mais aussi plus poétiques des éléments naturels. Ces villes de commerce vous énervent : là sont la poussière, le cuir salé, le guano surtout, excellentes choses, au demeurant, mais qui ne font pas oublier la saine odeur de l'algue marine et qui ne remplacent jamais la fraîcheur de l'humidité saline de nos grèves. »

Avant Boudin, des peintres, et non des moindres, avaient fréquenté Honfleur, Sainte-Adresse et leurs environs. C'était l'époque où les Romantiques lançaient leurs *Voyages pittoresques dans l'ancienne France*. Avides de curiosités, artistes et littérateurs s'étaient parfois contentés d'une approche superficielle des régions. Boudin procède différemment, un peu à la manière d'un autre Normand, par ailleurs son contemporain, Flaubert. Tous deux s'immergent dans un microcosme, afin

Crépuscule sur le Bassin du Commerce, 1892-1894.

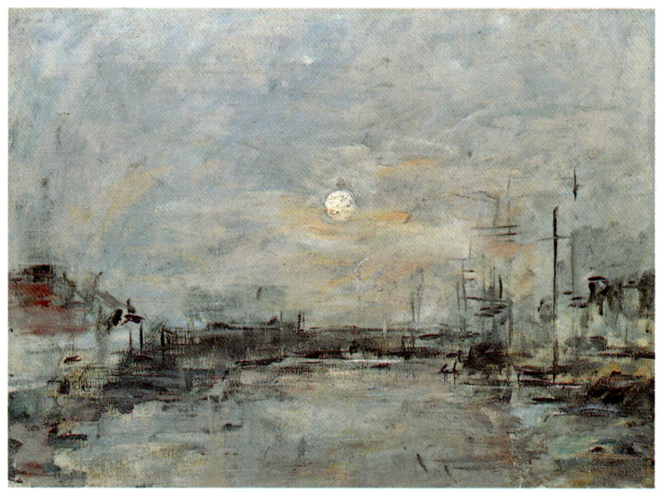

d'en extraire l'essence. Flaubert, qui voulait dégager les lois et les mécanismes des sentiments humains, comparait sa propre démarche à celle d'un médecin pratiquant une autopsie, un scalpel dans la main. De même Boudin néglige les attributs conventionnels de la Normandie – chaumières, pommiers, falaises et costumes folkloriques – chers aux touristes, pour s'attacher, et jusque dans le moindre détail, à la description rigoureusement fidèle d'un lieu, à un instant précis. Voilà pourquoi sa peinture continue de nous toucher. Elle est tellement dénuée d'anecdote, que nous pouvons aujourd'hui encore en vérifier l'exactitude, et partager ainsi, à travers le temps, l'émotion suscitée par une ambiance. Cette impression d'exactitude n'est rendue possible que grâce à une étude quasi scientifique des particularités géographiques et physiques du paysage. Jusqu'à Courbet, les peintres se préoccupaient surtout de rendre l'aspect de la matière, et de creuser l'espace. Boudin, au contact du ciel infiniment changeant de l'estuaire de la Seine, bouscule ces habitudes. Lui qui n'a reçu aucune formation académique regarde la nature sans *a priori*. Indifférent aux trucs d'atelier, il crée une manière originale – car il doit choisir entre la perfection artisanale du métier, très prisée à son époque, et le rendu de l'impression immédiate. Il opte pour la seconde solution. Les images qu'il capte sont fugaces, nous le sentons bien. Chacune d'elles ne reste suspendue qu'un bref instant. La technique même semble précipitée, comme si le peintre avait craint de voir son sujet disparaître. Tant pis pour les maladresses. A son avis, elles importent moins que l'atmosphère. Tant pis pour les coups de brosse apparents, ils rendent bien l'impression de vent. Et si les couleurs débordent des formes, c'est parce qu'entre Le Havre et Deauville, la lumière saturée d'humidité imprègne fortement les choses, au point même d'en dissoudre les formes, de les rendre floues, de les réduire à des taches de couleurs. Les multiples tons, y compris les plus délicats, se trouvent avivés, car les minuscules gouttelettes en suspension dans l'air agissent à la manière d'un prisme. En certains endroits, totalement investis par le soleil, comme les plages et les prés, ce phénomène s'accentue. Le sable, le ciel, la mer ou l'herbe grasse ne sont plus que réverbération et reflets, ponctués par les vibrations colorées que constituent citadins et troupeaux. Voilà pourquoi Boudin peint avec la même passion les élégantes et les

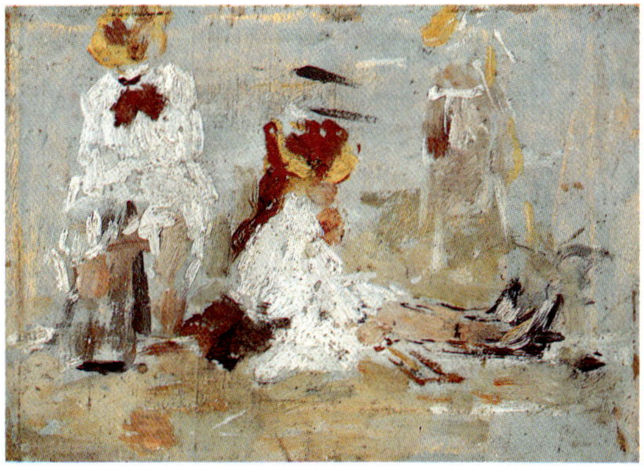

Sur la plage, 1888-1895.

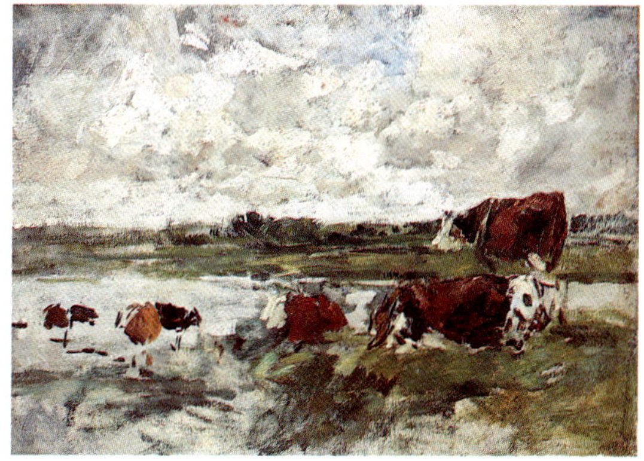

Vaches au bord d'une rivière, 1881-1888.

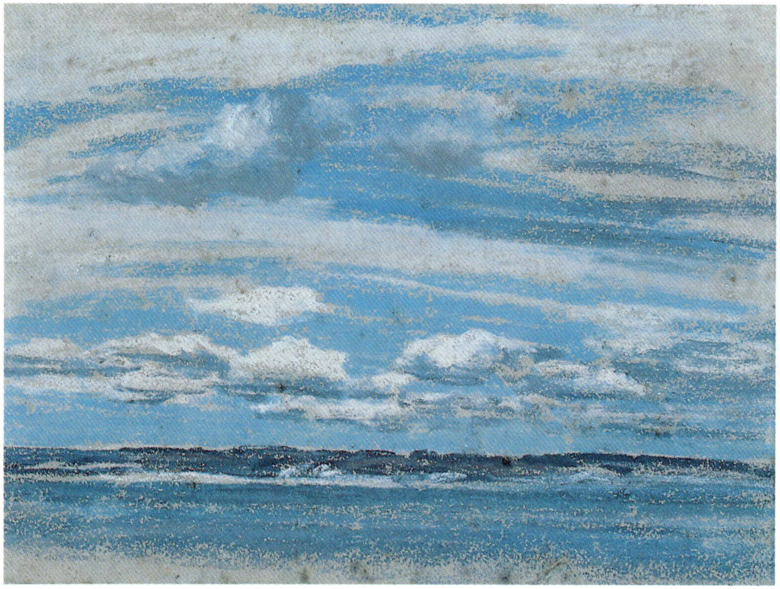

Ciel, nuages blancs sur l'estuaire, 1854-1860.

vaches, dont les robes, de matière différente (voir p. 37), n'en sont pas moins également chatoyantes sous le soleil. Par le jeu des reflets et du mouvement des vagues, la mer elle-même semble inconsistante, impalpable, nacrée comme une perle, miroir des choses et du ciel, des ciels, subtilement nuancés, transparents, illimités, qui s'ouvrent à nous, et dont l'immensité nous happe.

En villégiature chez sa mère, à Honfleur, Baudelaire, qui appartient à la génération du peintre, remarque dès 1859 les ciels de Boudin. Il qualifie les pastels, conçus par l'artiste, comme une chronique des changements inattendus ou prévisibles du ciel, de « beautés météorologiques ». Baudelaire avait été un temps matelot. Il était donc probablement sensible au langage des nuages. Mais, en dehors de cette vision objective, le poète voit dans le ciel un territoire de l'imagination.

Pour ce romantique, la nature ne vaut que si elle peut susciter le rêve, fut-il un cauchemar, plus désirable à ses yeux, dans son horreur, que l'ennui de la réalité : « Tous ces nuages aux formes fantastiques et lumineuses, ces ténèbres chaotiques, ces immensités vertes et roses suspendues et ajoutées les unes aux autres, ces fournaises béantes, ces firmaments de satin noir ou violet, fripé, roulé ou déchiré, ces horizons en deuil ou ruisselant de métal fondu, toutes ces profondeurs, toutes ces splendeurs me montèrent au cerveau comme une boisson capiteuse ou comme l'éloquence de l'opium. »

Le monde que Boudin nous dévoile est plus naturaliste que ne le prétend le poète. Mais, sous une apparente sobriété, cette vision, débarrassée du carcan des contours, de l'opacité de la matière, et de l'artifice de la perspective, se révèle extraordinairement lumineuse, et empreinte de légèreté. Boudin était parvenu à faire partager cette perception du paysage à Monet, lorsqu'en 1858, au Havre, il avait emmené son disciple travailler sur nature. Fort de cette leçon, le futur maître impressionniste sera libre de conduire la peinture jusqu'à l'un de ses plus beaux moments de perfection. Il saura remercier Boudin au passage : « Je n'ai pas oublié que c'est vous qui, le premier, m'avez appris à comprendre et à voir. »

Sauf mention particulière, toutes les citations sont de Boudin lui-même. Nous avons conservé l'orthographe et la ponctuation originales.

PLANCHES

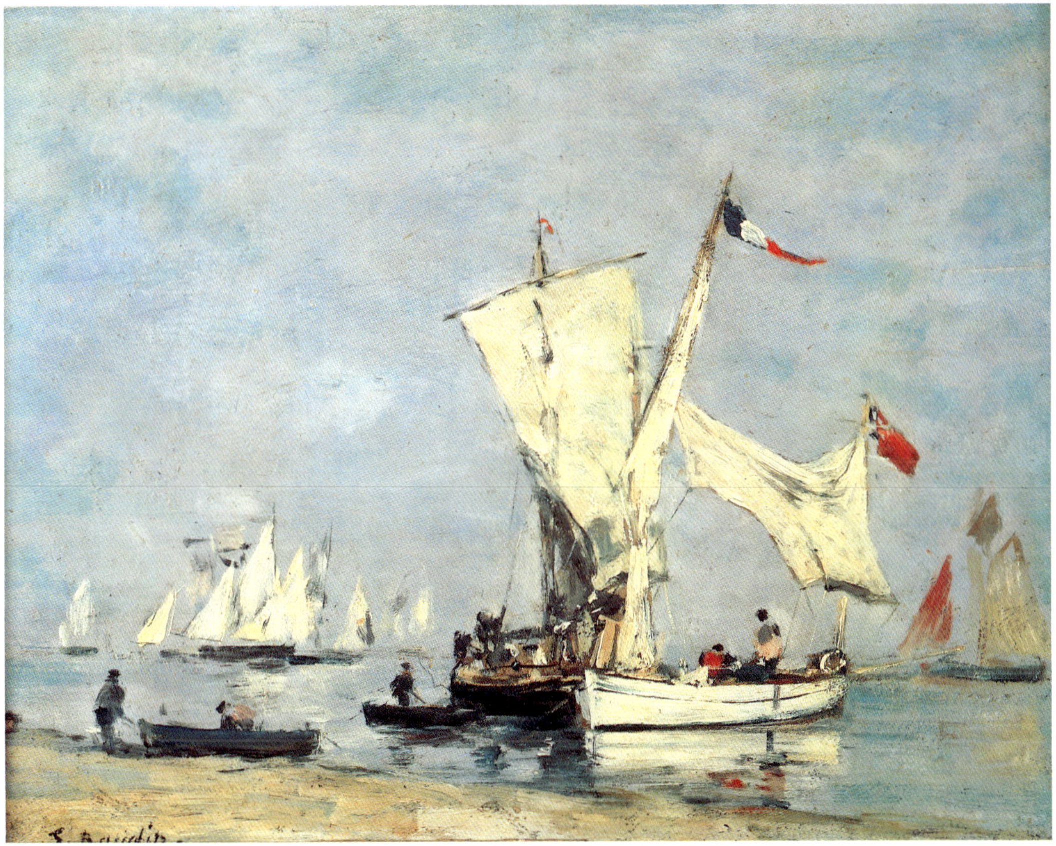

VOILIERS, 1885-1890.

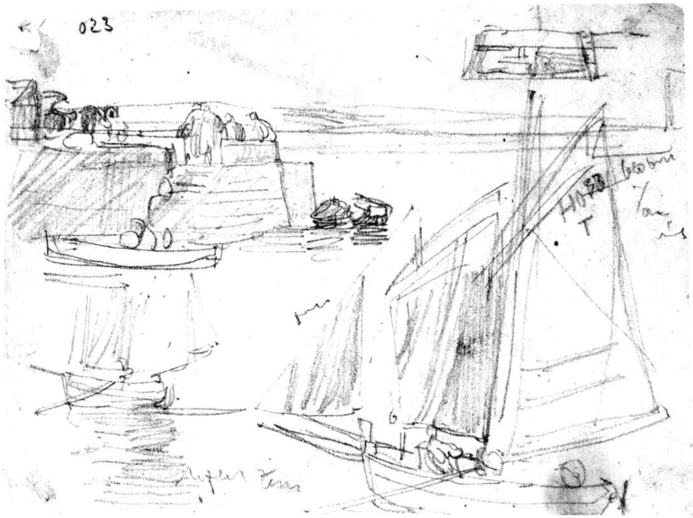

HONFLEUR, LE PORT

1858-1862

Huile sur panneau, 26 x 37,5 cm, collection particulière

Ci-dessus : mine de plomb, collection particulière

A ses débuts, Boudin séjourne volontiers à Honfleur. Influencé par les vieux maîtres néerlandais, il se passionne pour les événements quotidiens de la vie locale, tels les marchés, le retour des pêcheurs ou, comme ici, l'arrivée de la diligence. Devant ces motifs, il multiplie les études dessinées, en prévision d'éventuelles peintures. Mais rares sont les dessins qu'il réutilisera directement. L'exemple ci-dessus fait exception, et doublement, puisque, à la même époque, l'artiste transcrira également ce sujet au pastel. Si les petits personnages frappent par la vérité de leurs attitudes, nous percevons déjà toute l'importance que le peintre accorde au paysage. L'aspect relativement mou et compact des nuages évoque le traitement du pastel, que Boudin pratique alors abondamment dans ses études de ciel. Malgré son côté sage, et un peu anecdotique, cette œuvre s'impose par la fraîcheur de la lumière, si propre à l'estuaire de la Seine.

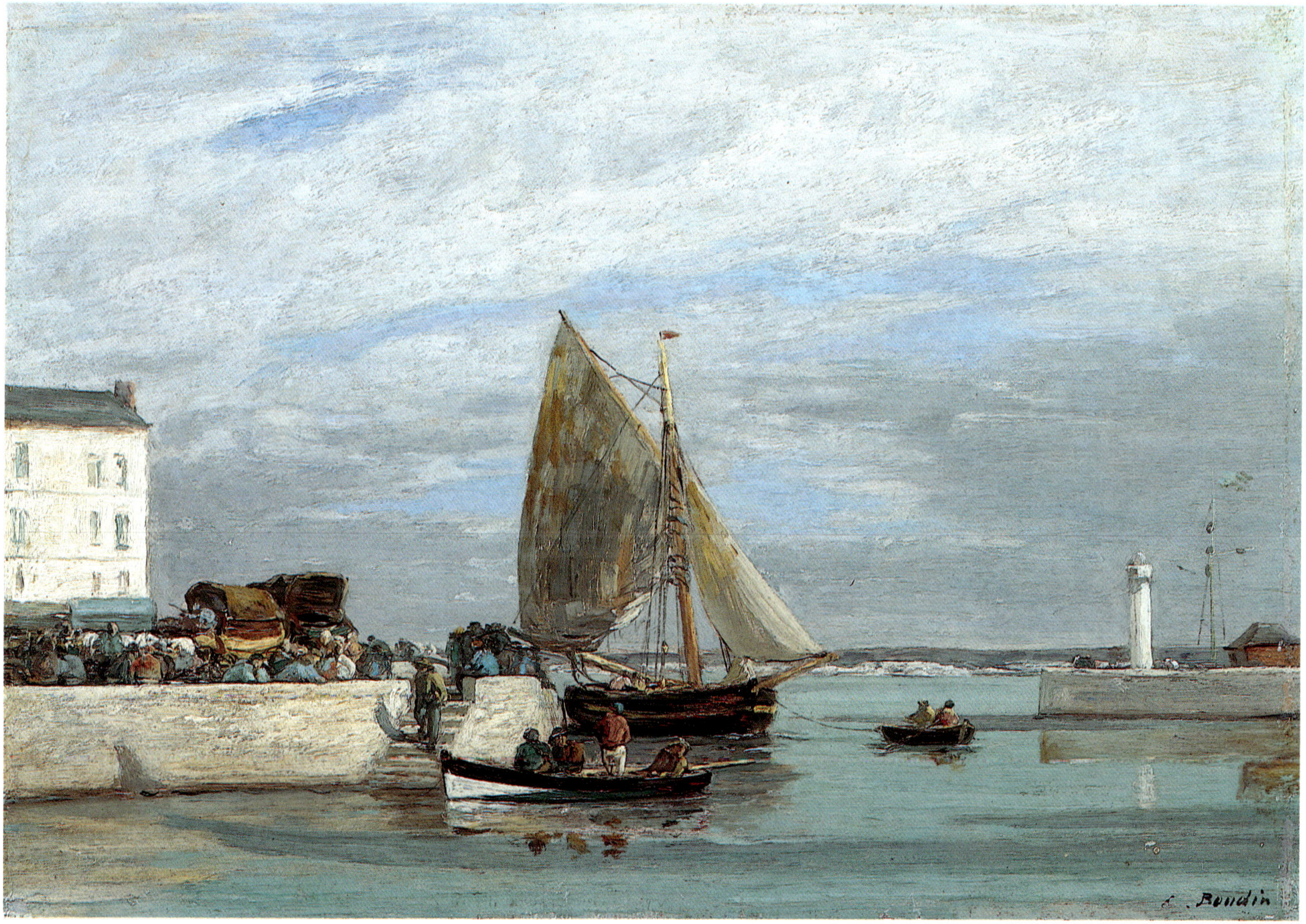
Boudin

LA PLAGE DE TROUVILLE – L'IMPÉRATRICE EUGÉNIE

1863

Huile sur panneau, 34,3 x 57,8 cm

The Burrell Collection, Glasgow Museums

L'essor des chemins de fer devait favoriser la mode des bains de mer, lancée à Dieppe par la duchesse de Berry, l'année même de la naissance de Boudin. Sous le Second Empire, c'est Deauville qui attire la haute société. En 1863, le peintre réalise ses premières scènes de plage. Il est hasardeux de vouloir identifier les silhouettes qui apparaissent dans ses peintures. Son point de vue est trop éloigné pour que les physionomies soient reconnaissables.

Impératrice ou pas, l'œuvre est séduisante. Boudin joue habilement des contrastes entre les robes colorées des élégantes et les vêtements plus austères des autres personnages. Le grouillement des petites figures, au bord de l'eau, semble plein de vie. Au premier plan de ce vaste paysage marin, la présence anachronique du réverbère, dont le sommet rappelle les ombrelles des dames, apporte une note tout à fait moderne à cette composition (avec une sorte d'avant-goût de Magritte). S'il espérait trouver des clients parmi ses modèles, Boudin déchantera vite : « Nous n'avons pas tiré un sous de nos baigneuses cette année. Décidément il faut se contenter de les peindre. »

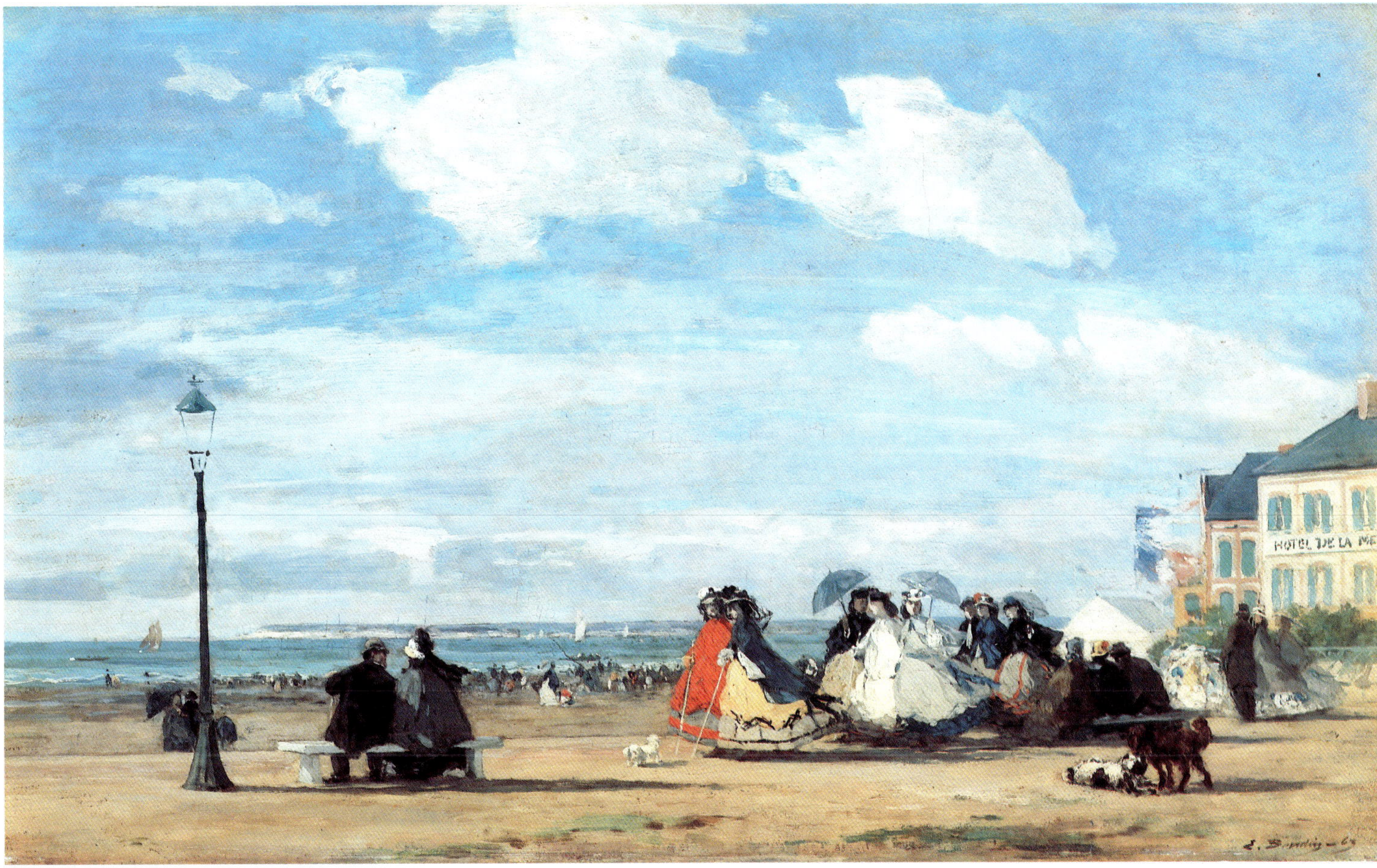
HOTEL DE LA MER

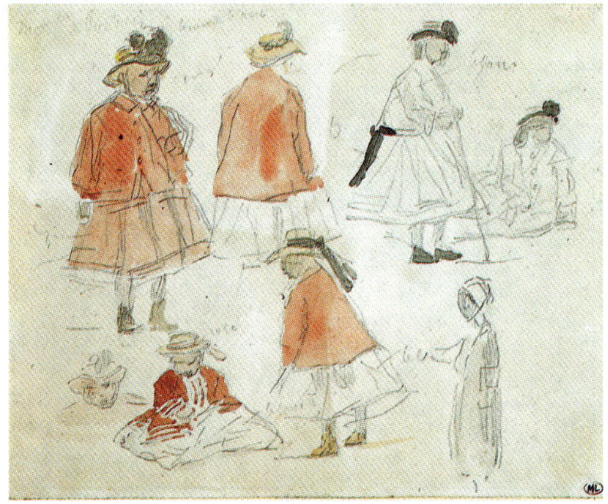

ÉLÉGANTES SUR LA PLAGE

1863

Huile sur panneau, 21 x 35 cm, collection particulière

Ci-dessus : *Enfants*, 1865-1870, musée du Louvre, Paris

Dans certaines scènes de plage, les figures ne sont que des prétextes. Elles animent le paysage et elles donnent une dimension à l'espace ; pratique courante chez les maîtres anciens. Ici, les petits personnages de l'arrière-plan aux apparences fantomatiques évoquent Guardi, dont Boudin avait étudié les œuvres au Louvre. Mais Boudin ajoute un certain nombre d'éléments réalistes (souvent étudiés sur le motif à l'aquarelle, comme ci-dessus) et caractéristiques des plages de son époque, tels le cheval qui remonte la cabine d'une baigneuse, ou la mise à l'eau d'une barque. Quant aux chiens, s'ils constituent un véritable leitmotiv des plages, la justesse de leurs attitudes nous fait oublier le côté anecdotique de leur présence. Les deux femmes du premier plan, aux manteaux secoués par le vent, s'intègrent, elles, parfaitement à ce paysage, dont le sujet véritable est le ciel, agité, qui occupe les trois-quarts de la composition. Les empâtements, les coups de brosse apparents, s'ils permettent de rendre au mieux l'aspect tumultueux du ciel, ne correspondaient pas au goût dominant de l'époque, qui préférait les matières lisses et soignées. Ceci explique l'absence de succès des œuvres de Boudin auprès de ses contemporains.

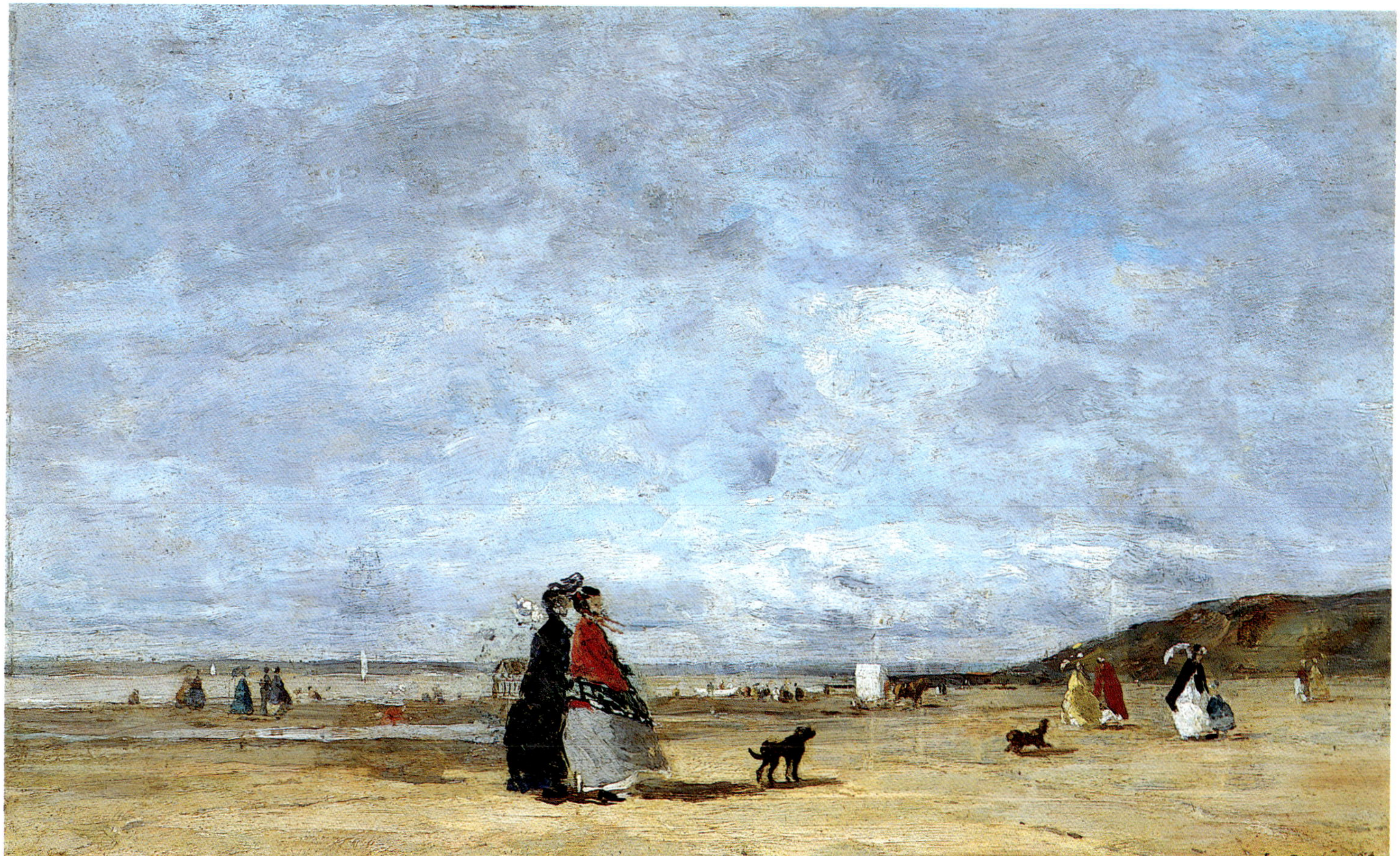

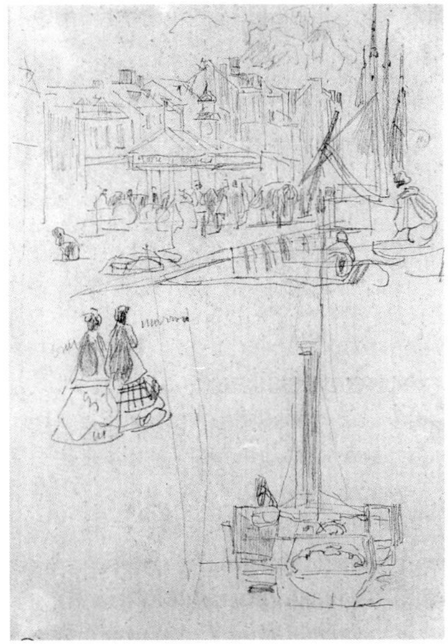

LE QUAI DE TROUVILLE

vers 1864-1866

Huile sur panneau, 27 x 38 cm, collection particulière

Ci-dessus : mine de plomb, musée du Louvre, Paris

Dès 1852, Flaubert déplorait : « Mais on l'a bien changé, notre pauvre Trouville. La dernière fois que j'y suis allé, il y a cinq ans, j'ai eu du mal à m'y reconnaître, tant les embellissements l'ont gâté, et tant le beau monde le salit. » Au contraire, Boudin apprécie Trouville. Ce lieu réunit en effet des éléments chers à ses yeux. L'invasion mondaine, qui lui inspire les scènes de plage (p. 15 et p. 17), n'étouffe pas la vie traditionnelle du lieu (p. 39). Autour de la halle aux poissons, située sur le quai, bien visible ici dans la peinture et le dessin, pêcheurs et citadins se côtoient. Le port avait alors assez d'importance pour attirer des bateaux d'une certaine ampleur, tel le brick amarré, au premier plan de la peinture. Il y avait également le vapeur, que l'artiste a représenté ici et qui assurait une liaison régulière avec Le Havre.

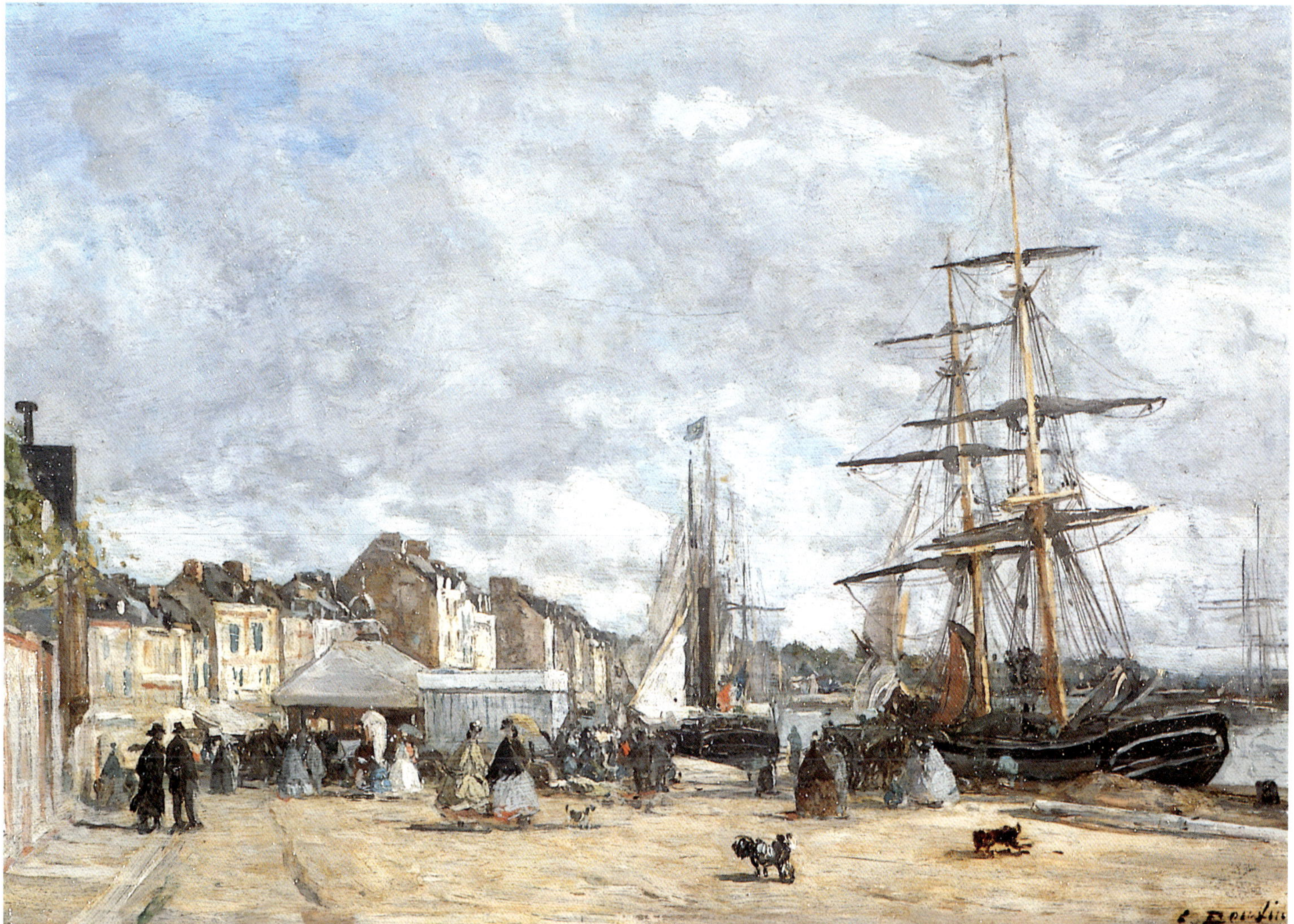

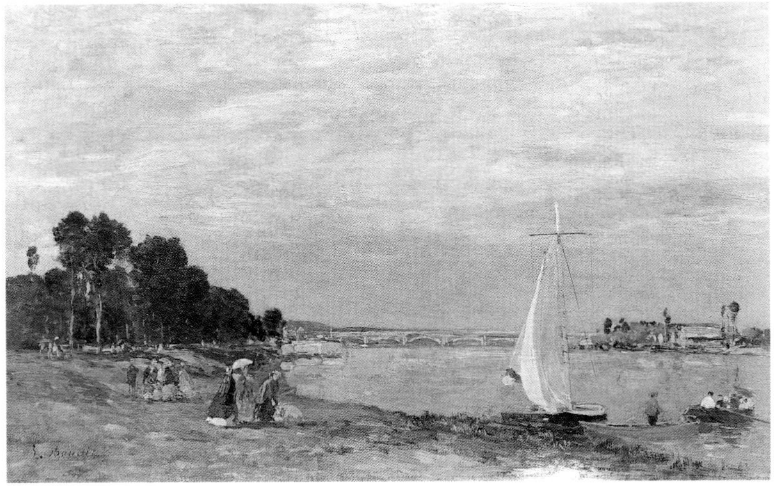

ARGENTEUIL, LES RÉGATES

1866

Huile sur toile, 46 x 73 cm, Art Gallery, Johannesburg

Ci-dessus : *La Seine à Argenteuil*, 1866, huile sur toile, 29,8 x 47 cm

Collection de M. et Mme Paul Mellon, Upperville, Virginie

Ces œuvres sont remarquables à plusieurs titres. D'abord, il s'agit des seules représentations des environs de Paris exécutées par Boudin. En effet, s'il passe tous les hivers de sa carrière dans la capitale, Boudin, contrairement aux Impressionnistes, ne laissera aucune vue de cette ville, dont l'importance artistique lui importe plus que l'esthétique : « Ce diable de Paris est vraiment la seule ville où l'on puisse développer ses facultés. On a un exemple à chaque pas et des gens qui vous poussent au progrès. » Mais revenons à Argenteuil. Boudin s'y montre précurseur, puisqu'il y peint les régate et le bassin six ans avant Monet. Dans sa composition, Boudin oppose la berge, avec sa foule, dense, papillotante, qui rappelle les scènes de plage, et la Seine, lumineuse, sur laquelle les voiles blanches acquièrent un éclat particulier. Jamais Boudin n'a été si proche de l'Impressionnisme, et à une date où les Impressionnistes sont loin d'avoir trouvé pleinement leur voie.

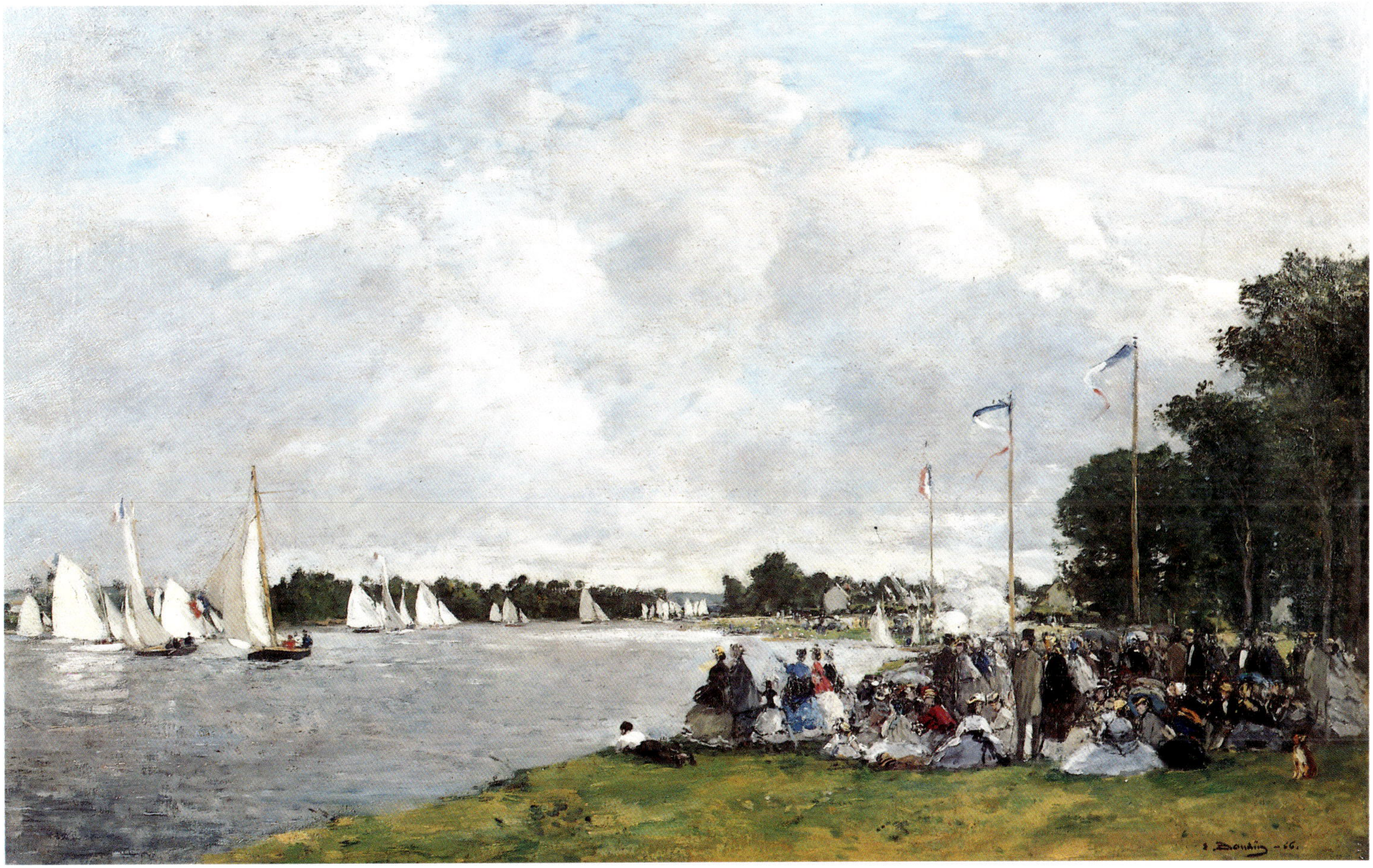

LA FLOTTE ANGLAISE VIENT PRENDRE LES RESTES DES SOLDATS ENTERRÉS DANS LA CITADELLE D'ANVERS

vers 1871

Huile sur panneau, 21 x 27 cm

Musée Eugène Boudin, Honfleur

En décembre 1870, quand la plupart de ses confrères fuient l'invasion prussienne et partent pour Londres, Boudin choisit Bruxelles, où l'appelle un marchand. Après quelques mois passés dans la capitale belge, Boudin se rend à Anvers, « mariner au bord de l'Escaut [...] Les vues locales sont recherchées des amateurs, de là force commandes et d'assez bons prix. »
Cette esquisse, pour un tableau daté d'août 1871, évoque un fait historique, cas exceptionnel dans l'œuvre de Boudin. L'événement nous renvoit à la prise d'Anvers par Wellington, en 1814, épisode qui devait concourir à la chute de Napoléon Ier. Au lendemain de l'effondrement du Second Empire, le peintre juge peut-être opportun d'affirmer publiquement ses convictions républicaines. Le sujet véritable sera oublié par la suite, et cette œuvre figure généralement, et improprement, sous le titre *Régates à Anvers*.
Nous voyons que, dès cette époque, en dehors des tableaux destinés à la vente, Boudin sait faire preuve d'une très grande liberté de facture. Le peintre était sans doute attaché à ce panneau, puisqu'il le garda toute sa vie, avant de l'offrir à sa ville natale.

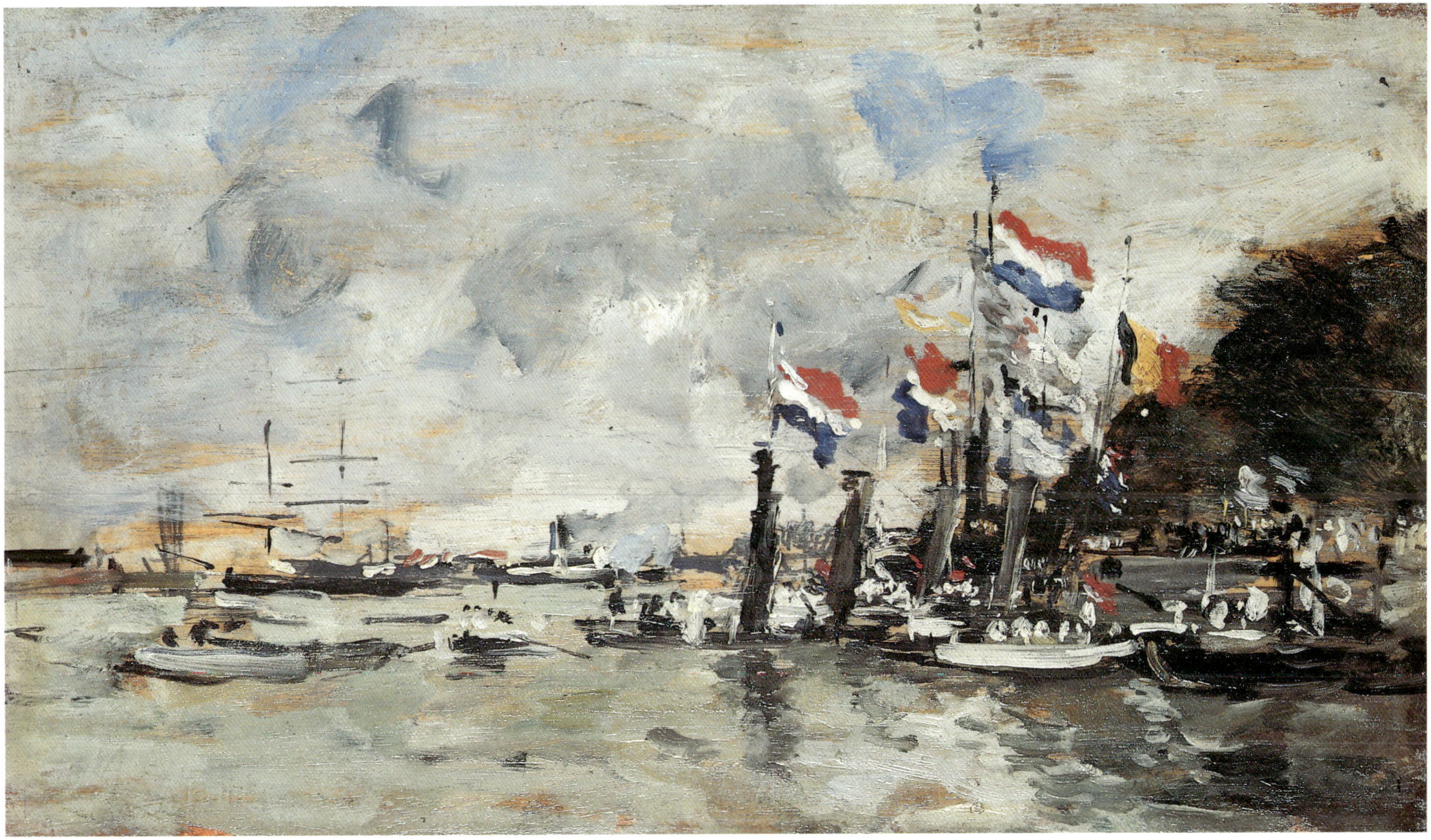

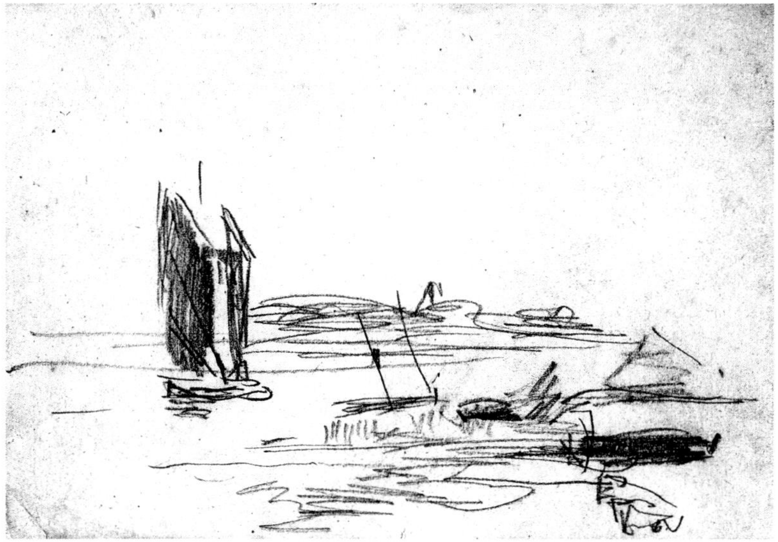

LE PORT DE CAMARET

1872

Huile sur toile, 55,5 x 89,5 cm, musée d'Orsay, Paris

Ci-dessus : mine de plomb, 1865-1875, collection particulière

Après s'être enthousiasmé un temps pour la vie rurale du Finistère, Boudin éprouve le besoin de retrouver le bord de mer et le paysage. A l'automne 1872, il séjourne plus d'un mois à Camaret, « qui est dans l'anse abritée par cette grosse côte, avec son petit port rempli de bateaux de pêche et de caboteurs en relâche. Puis son château fort et sa colline sans arbre, toute pelée mais où s'agitent les ailes de ses moulins à vent. Vienne un bon vent et vous verrez appareiller les deux cents petits bateaux aux voiles tournées qui se précipitent tous ensemble à la recherche de la sardine. » Si l'arrière-saison lui apporte des ciels mouvementés, Boudin, qui esquisse ses toiles sur le motif, doit affronter « des temps affreux sur ces côtes où le vent règne sans trêve ». Il ajoute : « On ne pouvait peindre un instant entre deux grains et le froid était devenu tel que je ne pouvais plus tenir. »

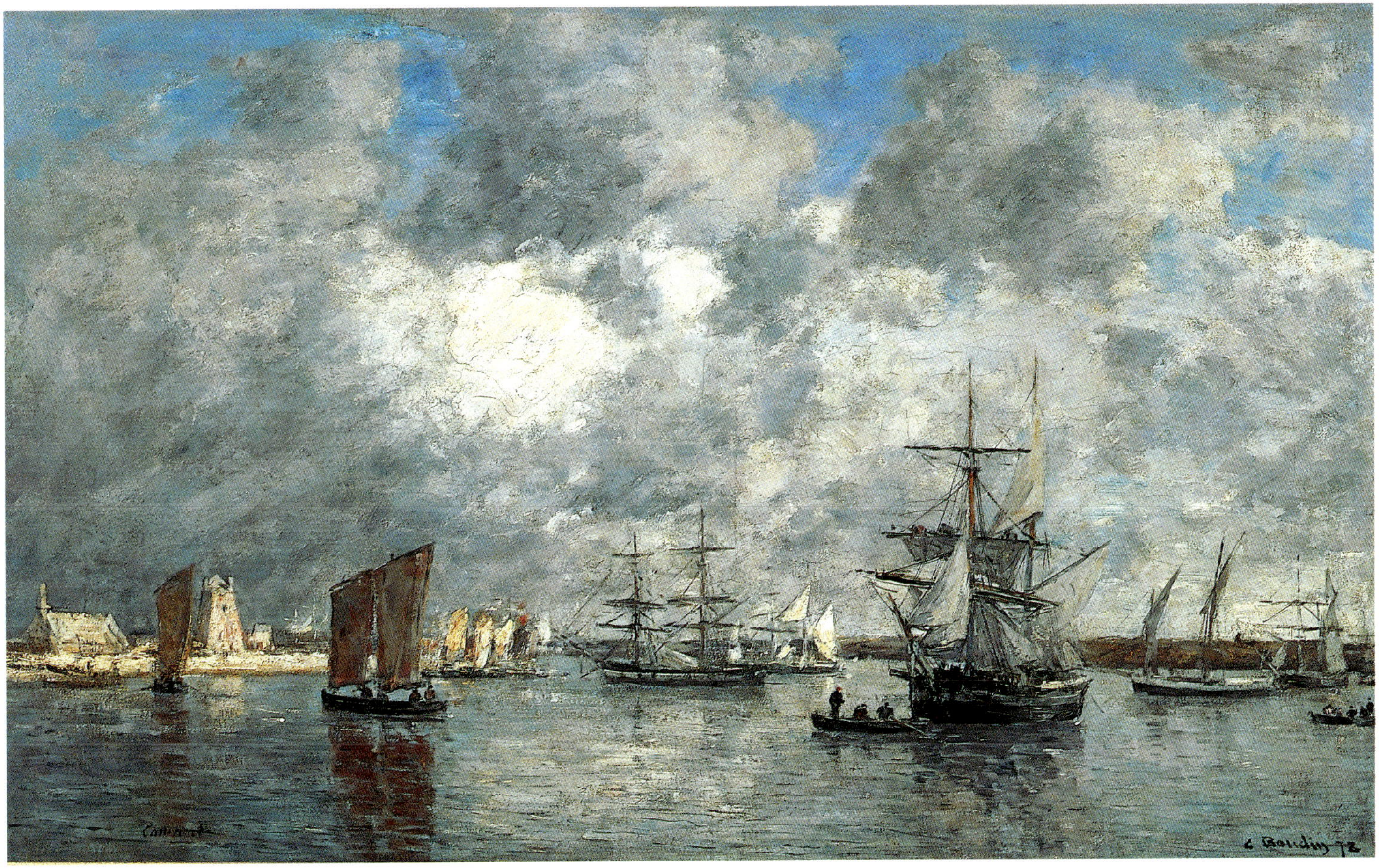

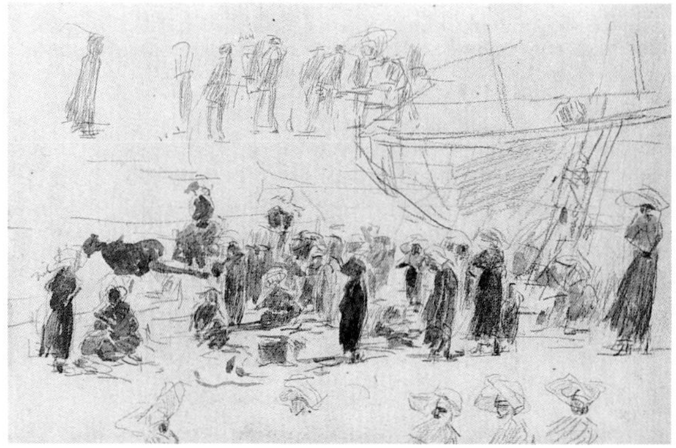

PORTRIEUX – DÉBARQUEMENT D'UN TERRE-NEUVAS

1875

Huile sur toile, 73,5 x 100,7 cm, collection Chester Dale

National Gallery of Art, Washington

Ci-dessus : mine de plomb, musée du Louvre, Paris

« Nous sommes partis pour les Côtes-du-Nord où nous sommes restés – ma foi – près de deux mois. Là j'ai eu le bonheur de pouvoir m'escrimer sans trop geindre – et j'ai rapporté quelques études de marines qui sont en partie vendues malgré la crise. » Cette crise, au cours de laquelle les revenus de Boudin, alors âgé de cinquante ans, vont s'effondrer et descendre jusqu'à 2 100 francs annuels [38 850 F actuels, soit une moyenne de 3 200 F par mois], devait frapper le marché de l'art entre 1874 et 1880. La rade de Portrieux servait alors de rendez-vous aux bateaux de la côte qui pratiquaient la pêche à la morue. La saison de pêche se déroulait au large de Terre-Neuve, de mai à fin septembre. Partis au début du printemps, les terre-neuvas ne regagnaient la France qu'à l'automne, ce que confirme, dans cette peinture, le ciel menaçant d'arrière-saison. La gamme sombre de la composition, avec pour seules taches claires les coiffes des femmes, les coques noires des goélettes échouées, confèrent à la scène une certaine austérité, sans doute recherchée par Boudin. Le peintre savait, par son père, qui avait un temps embarqué sur un morutier, combien ce métier était dur et dangereux.

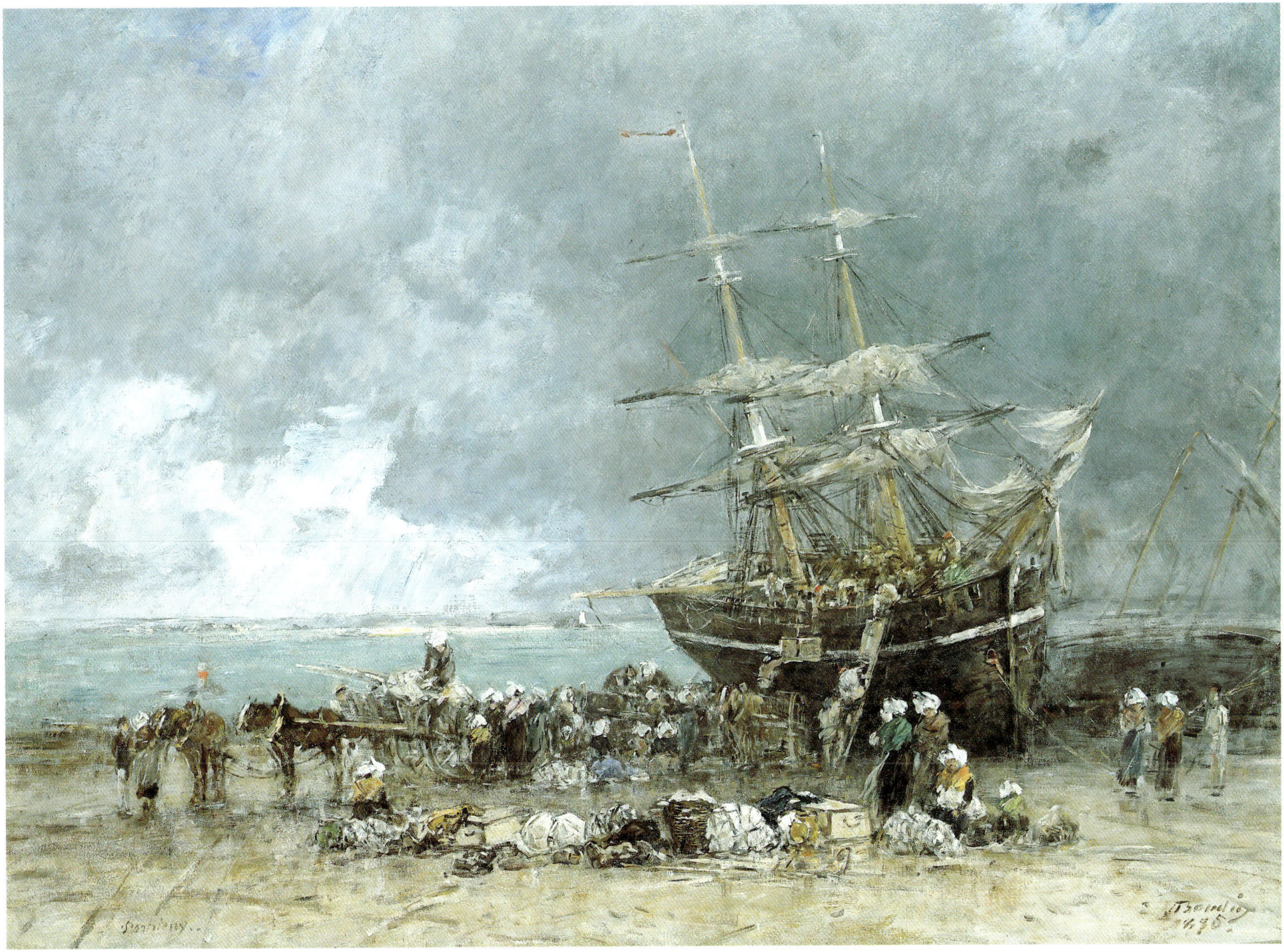

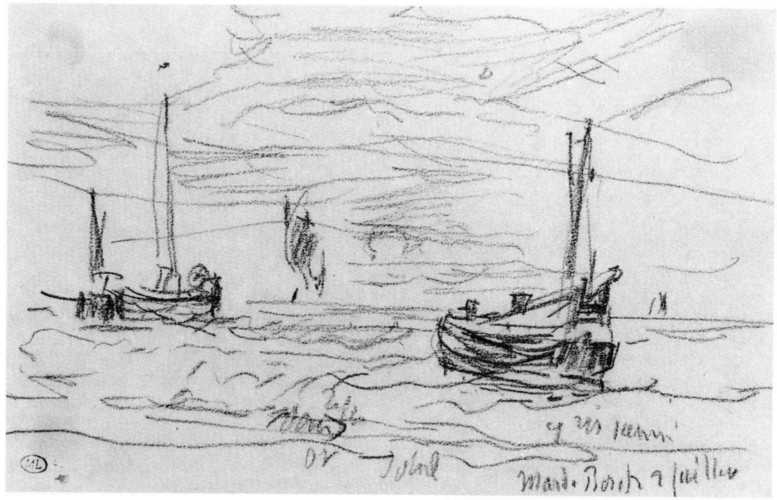

PLAGE DE BERCK A MARÉE BASSE

1877

Huile sur toile, 45,5 x 75,6 cm, musée des Beaux-Arts, Reims

Ci-dessus : crayon noir, 1885-1890, musée du Louvre, Paris

« Berck est une grande plage ouverte à tous les vents qu'ils viennent du nord, de l'ouest ou du sud ; pas un abri de côte, quelques dunes, des chalets en grand nombre, en bas, échoués des bateaux assez lourds tous noirs sans voiles. » Avec ses vastes dimensions et sa brume lumineuse, si bien rendues dans le présent tableau, ce lieu inspirera Boudin, qui, pendant près d'une quinzaine d'années, en représentera les différents aspects : les dunes, la plage, avec les pêcheurs vivant au rythme des marées. Mis à part ce tableau, probablement exposé au Salon de 1878, le musée de Reims conserve deux autres vues de Berck, exécutées par Boudin en 1890, *Le retour des barques* et *Le départ des barques*. Berck sera apprécié par beaucoup d'autres peintres de cette époque, et notamment par Manet.

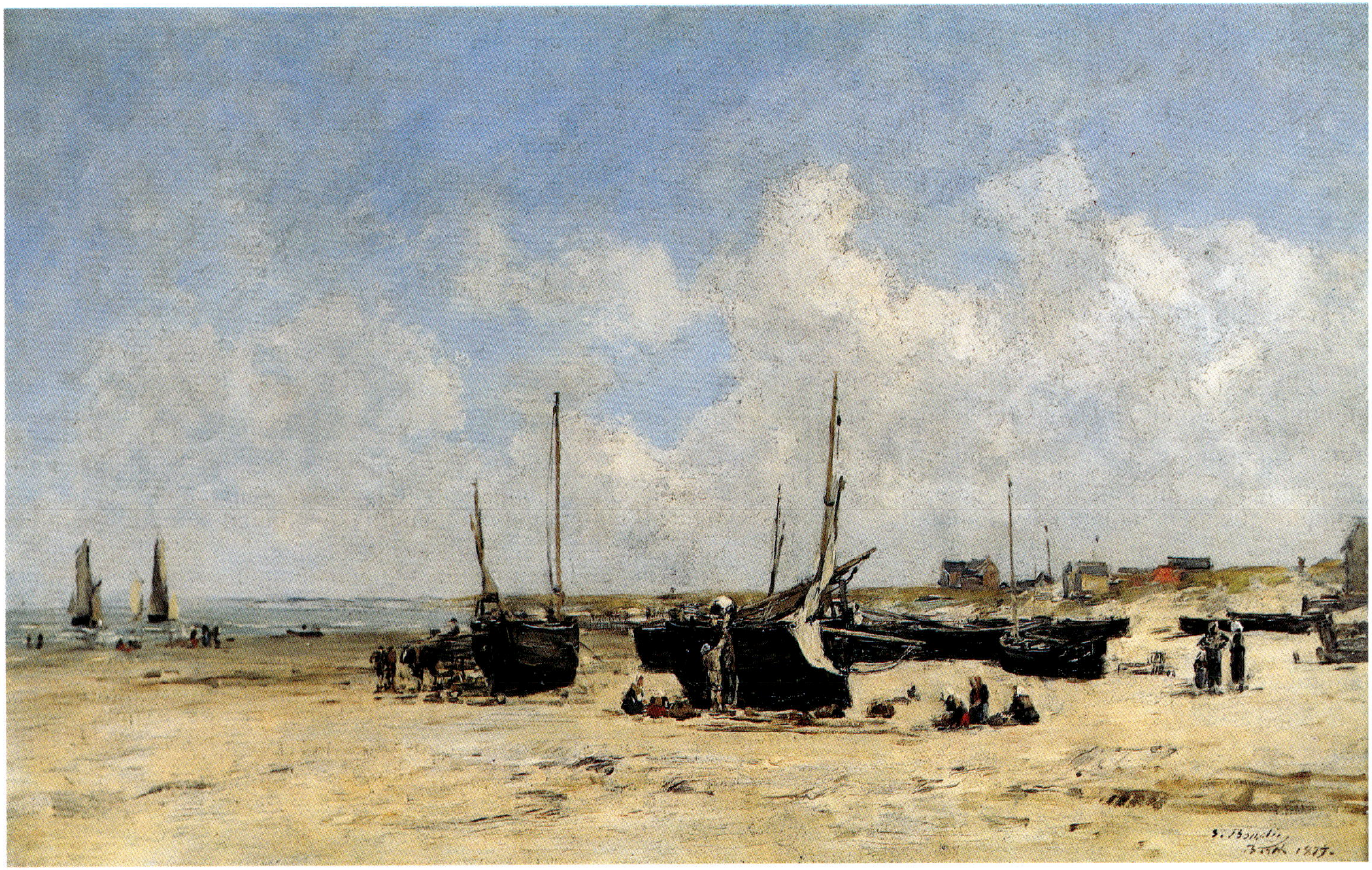

PÊCHEUSES SUR LA PLAGE DE BERCK

1875-1880

Huile sur papier bleu, 13,1 x 16,3 cm

Musée du Louvre, Paris

A Berck, Boudin s'intéresse particulièrement aux groupes de pêcheuses, dont les robes, d'un rouge typique, sont facilement identifiables. Pré-occupé par les effets lumineux, notamment de contre-jour, qui gomment la précision des choses, et chromatiques, l'artiste rompt avec la tradition séculaire anecdotique, héritée de la peinture hollandaise du XVIIe siècle (voir p. 13). Il renouvelle aussi ses propres habitudes : si, dans les scènes de plage à citadins, l'élément humain semble toujours réduit à des taches de couleurs, ici, grâce à une vision rapprochée, les figures acquièrent une forte présence. Boudin utilisera le même procédé pour représenter son épouse, toujours sur la plage de Berck (dos de couverture). Il se dégage de ces deux œuvres une impression d'intimité, exceptionnelle chez cet artiste.

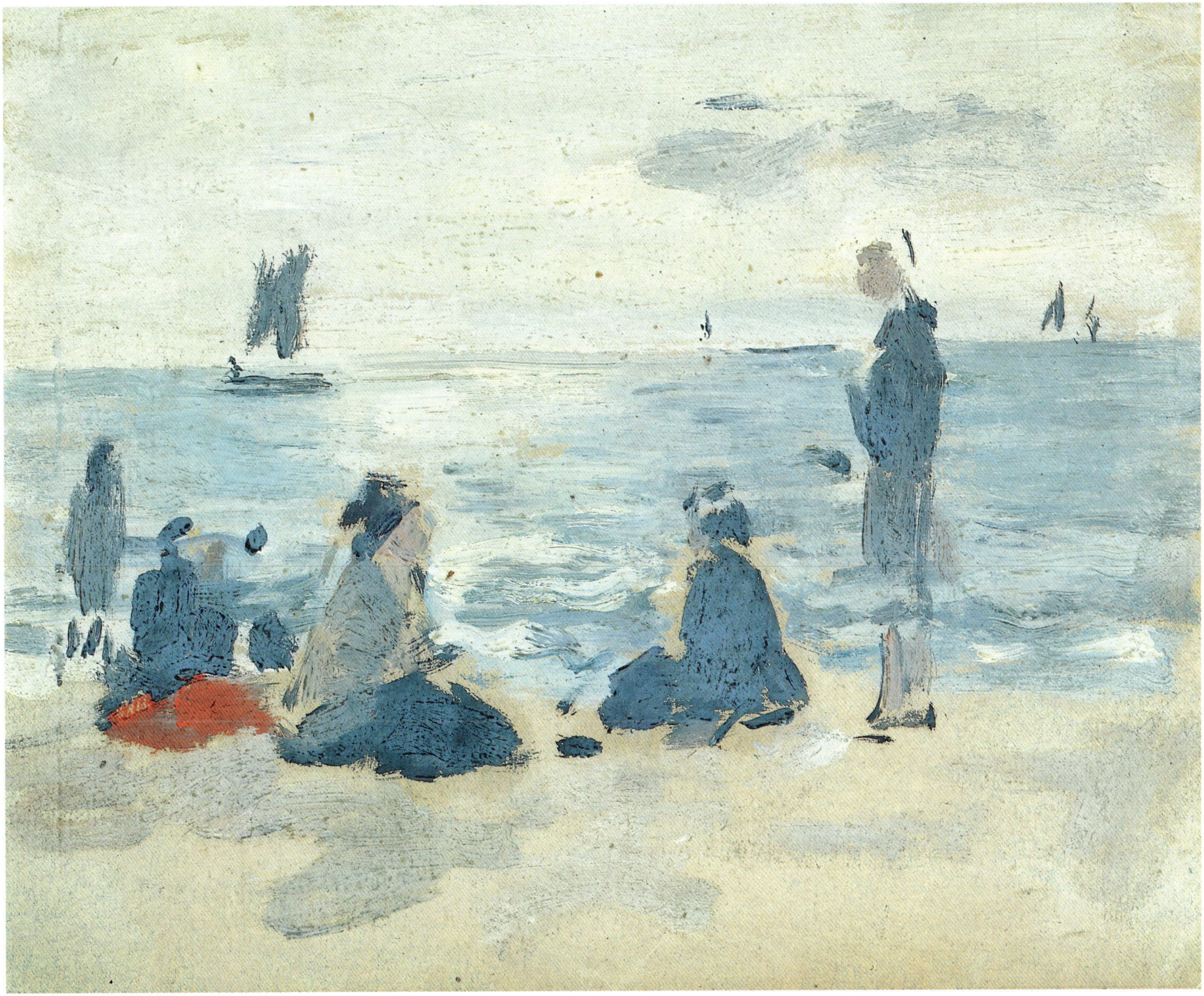

LA MEUSE A ROTTERDAM

1881

Huile sur toile, 85 x 128 cm

Musée d'Orsay, Paris

Bien que formé à l'exemple des vieux maîtres néerlandais, Boudin ne découvre les Pays-Bas qu'assez tard, en 1876. A partir de cette date, il travaille régulièrement à Scheveningen, Rotterdam et Dordrecht, au bord de la Meuse. « Ce matin le temps est sombre et pluvieux [...] c'est dimanche et dans ce pays de dévots où l'on va à la messe, il ne fait pas bon travailler le dimanche parmi les gens emmessés qui vont se faire faire une morale idiote dans leurs temples, par un bedeau qui détonne et glapit... Est-ce qu'on est pas plus près du vrai en allant voir couler la Meuse tranquille sous un beau ciel ? » Et c'est bien ce paysage empreint de calme que Boudin a représenté dans ce tableau, exposé au Salon de 1881. Grâce à lui, il obtiendra une médaille de troisième classe, dite médaille des débutants, car elle autorisait ses détenteurs à ne plus soumettre leurs œuvres au jugement du redoutable jury. Il était temps ! Boudin était alors âgé de cinquante-sept ans et cela faisait vingt-deux ans qu'il exposait au Salon !

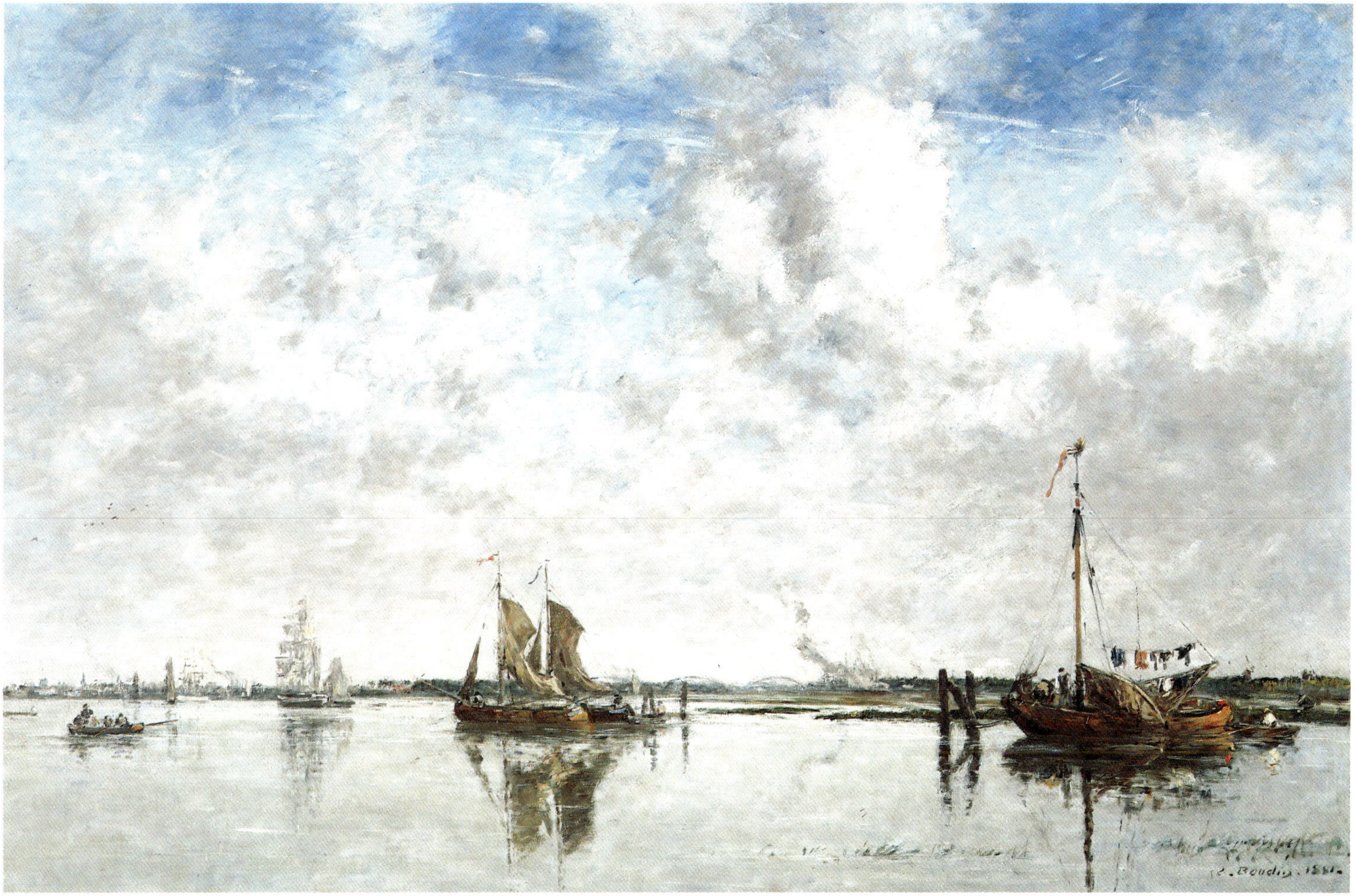
E. Boudin. 1881.

VACHES DANS UN PRÉ

vers 1881

Huile sur toile, 54 x 74 cm

Musée des Beaux-Arts, Le Havre

« J'ai fait tout mon possible [...] pour compléter mes études d'animaux. La marine a été forcément négligée », écrit Boudin en octobre 1881. Féru d'œuvres hollandaises anciennes, dans lesquelles abondent les animaux domestiques, puis conseillé par Troyon, spécialiste incontesté, et alors très apprécié, de la peinture à sujet bovin, Boudin devait fatalement s'intéresser à ce type de représentation. D'autant que la campagne normande pouvait lui fournir des modèles à l'envie. Mais, homme du bord de mer, il fréquentait peu l'arrière-pays. Jusqu'à ce mois de juillet 1881, au cours duquel il se rend à Fervaques, arrondissement de Lisieux, canton de Livarot. Il découvre alors le parti qu'il peut tirer des troupeaux. « Vous m'aviez parlé des tableaux d'animaux et, à cet effet, j'en avais poussé quelques-uns pouvant dans une certaine mesure ressembler à des Troyon, au moins pour la nature du sujet. » La nuance, apportée par Boudin lui-même, quant à la ressemblance de ses études avec celles de Troyon, est importante. En effet, alors que Troyon reste descriptif, Boudin appréhende le sujet du point de vue de la lumière. Il schématise les formes, au point que la tête de l'une des vaches annonce le futur minotaure (*Assemblage : tête de taureau*, 1943, musée Picasso, Paris) exécuté par Picasso avec un guidon et une selle de vélo !

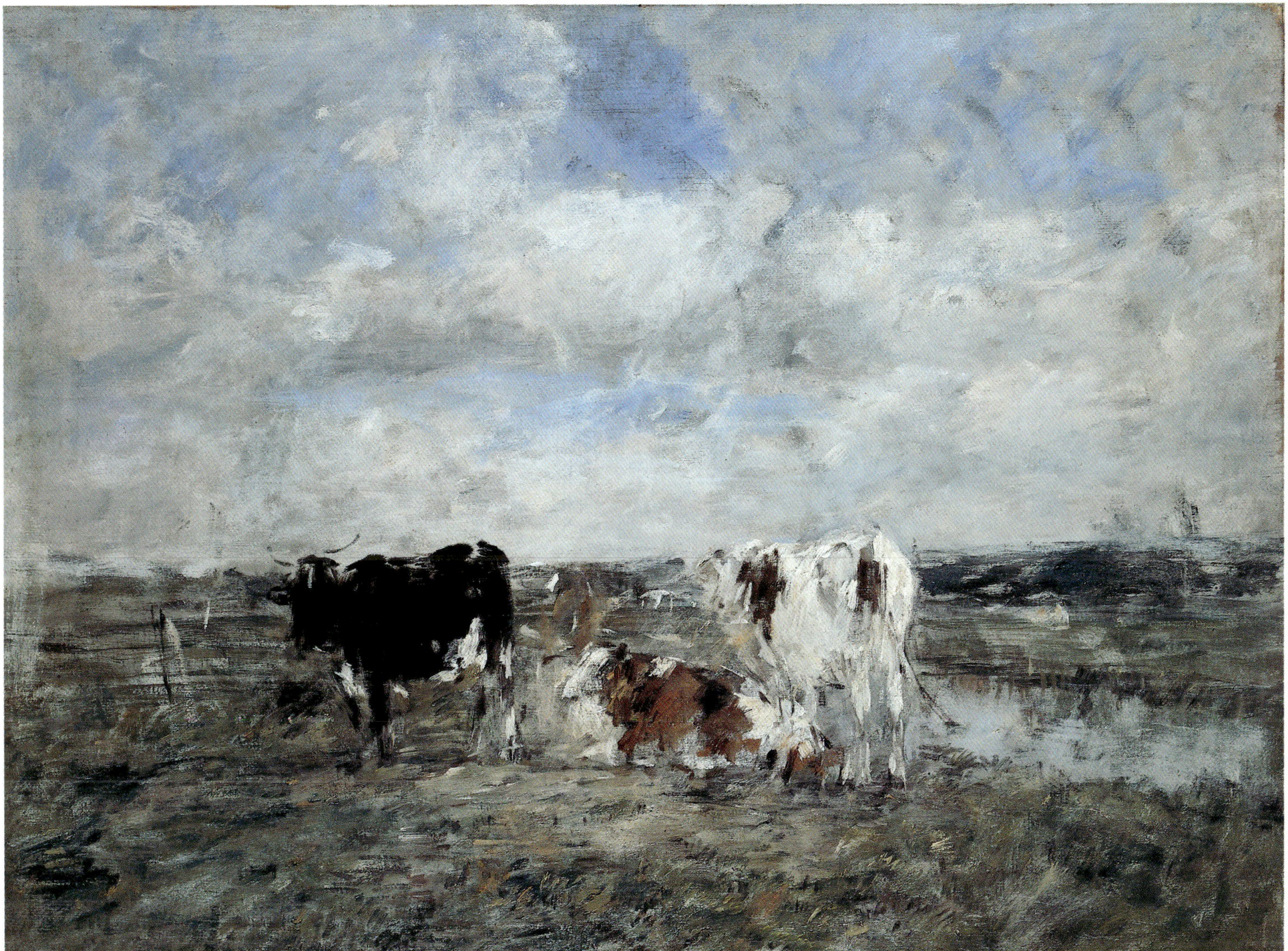

FIGURES DEVANT LA TENTE DU CASINO DE TROUVILLE

1884

Huile sur panneau, 22 x 42 cm

Musée Eugène Boudin, Honfleur

« Je ferai autre chose mais je serai toujours le peintre des plages. » Cette phrase, écrite par Boudin en 1865, est véritablement prémonitoire. D'autant que sa grande production de plages dure à peine six ans. Si la plus ancienne œuvre connue sur ce thème est un pastel, daté de 1860 (musée Marmottan, Paris), il faut attendre 1863 pour voir Boudin appliquer le sujet à la peinture à l'huile. « On aime beaucoup mes petites dames sur les plages, certains prétendent qu'il y a là un filon d'or à exploiter. » Le succès commercial escompté ne sera pas au rendez-vous, et, en 1869, Boudin se tourne vers « le genre maritime ». Les plages à « petites poupées » ressurgissent dans les années 1880. Mais les préoccupations de Boudin ont changé, nous le voyons clairement dans la peinture ci-contre. Le paysage importe moins que les figures, et, aux marionnettes désincarnées (p. 15 et p. 17), se substituent des personnages plus vrais, que l'on sent maintenant de chair. En outre, le peintre sans postérité accorde alors aux enfants et aux nourrices un intérêt particulier.

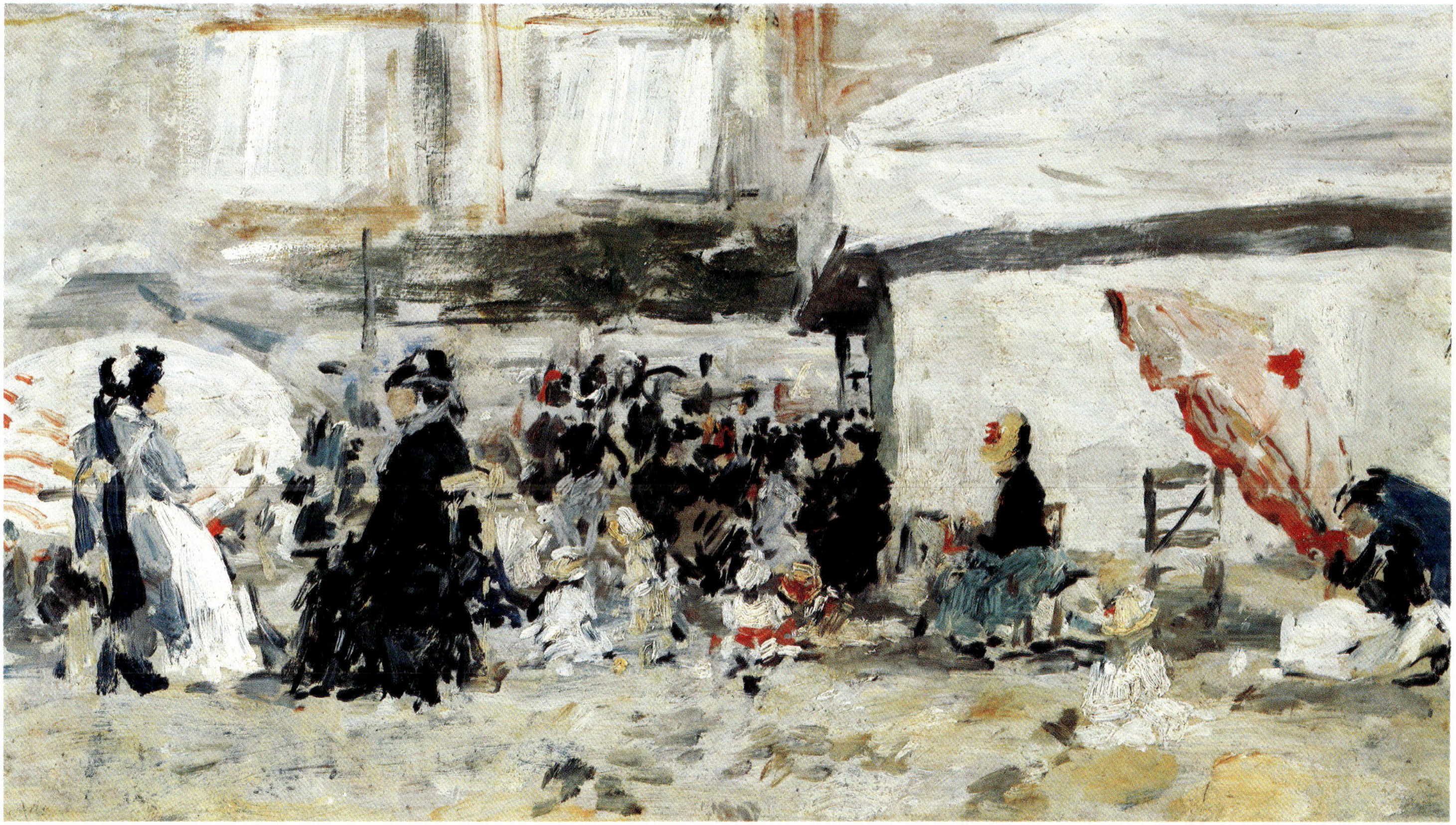

LAVEUSES AU BORD DE LA TOUQUES

1886

Huile sur panneau, 21,3 x 32,8 cm

Collection particulière

A partir de 1885, Boudin réintroduit les laveuses dans son œuvre. *Réintroduit*, car, dès ses débuts, elles constituaient, avec les marchés et les pêcheurs, l'un de ses sujets favoris. Boudin n'était d'ailleurs pas l'inventeur de ce thème, cher à Fragonard et à Boucher. Notons en passant la permanence, au cours des siècles, des élégants chapeaux de paille portés par certaines lavandières. C'est généralement à Trouville que Boudin prend ses modèles. Lorsque la mer est basse, les femmes de pêcheurs descendent faire la "buée" au bord de la Touques. Il s'agit d'une particularité de ce port. Le peintre a également représenté les laveuses d'Étretat. Ces dernières utilisaient les sources qui jaillissent parmi les galets de la plage. Séduit par le papillotement des vêtements et du linge, Boudin a traité ce sujet à la manière d'une scène de plage à citadins. Au bord de la Touques, il va plus loin : du ciel, de l'eau, et quelques taches colorées sur la rive inondée de soleil. Et pourtant, malgré l'enchantement des couleurs, aucun des détails, qui caractérisent le travail de ces femmes, ne manquent, ni le battoir ni la planchette ni le tablier. Les positions et les gestes, même, sont parfaitement exacts. Ce réalisme de l'observation fait de Boudin le digne héritier d'un maître qu'il admirait beaucoup, Millet.

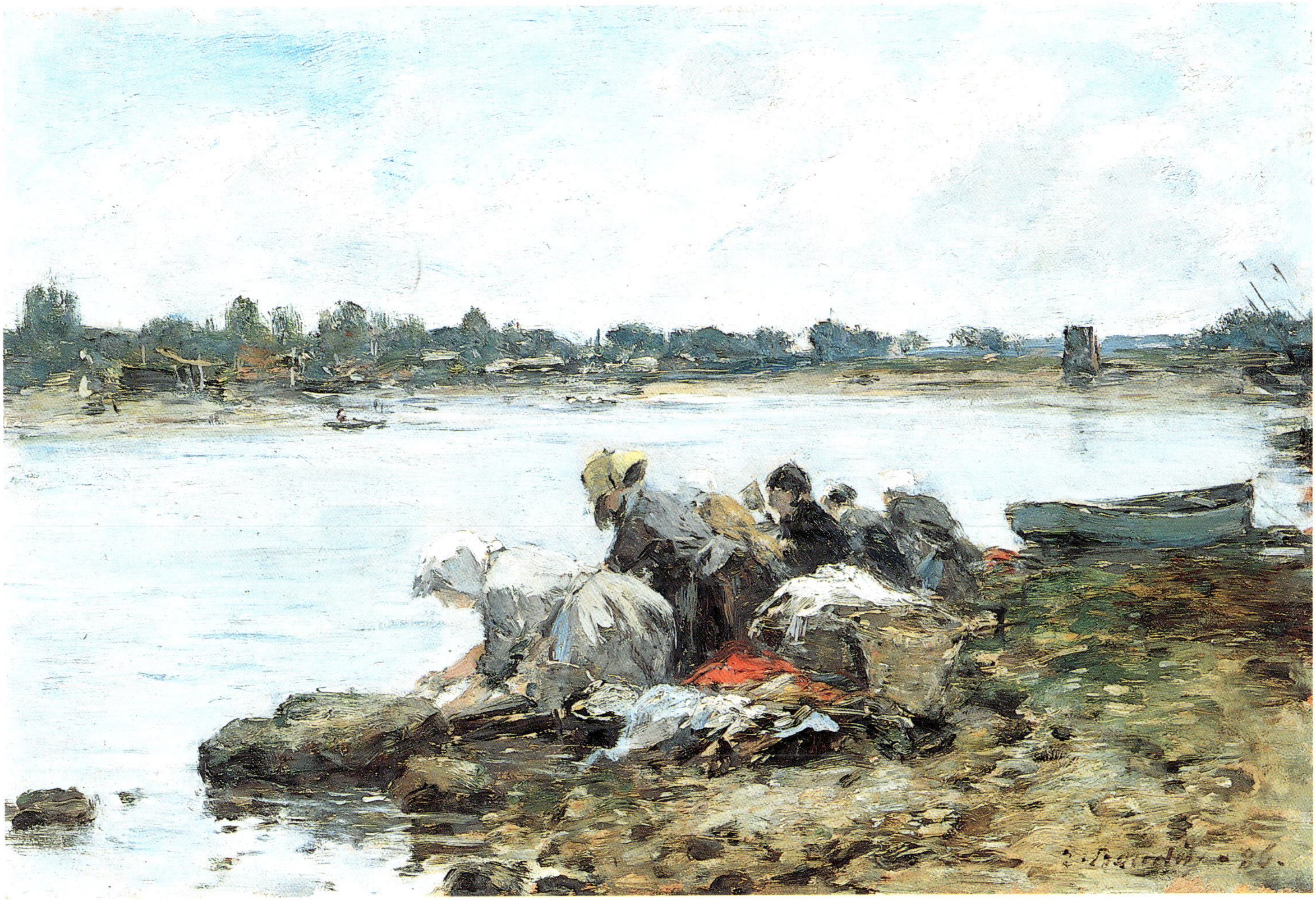

MARÉE BASSE A ÉTAPLES

1886

Huile sur toile, 79 x 109 cm

Musée des Beaux-Arts, Bordeaux

« Nous allons à l'aventure devant nous [...] à Étaples directement mais nous ne savons pas si nous nous y arrêterons longtemps, cela dépendra du pittoresque du pays », annonce Boudin le 10 mai 1886. Quinze jours plus tard, il écrit : « Bloqués pendant près d'une semaine à Étaples dans une hôtellerie où nous vieillissions à vue d'œil, nous en serions partis sans toile délier si nous n'étions tombés malade l'un après l'autre. » La maladie de sa femme, dont la santé est très fragile, lui laisse donc le temps d'exécuter quelques peintures, dont celle-ci. Nous voyons ici l'importance croissante prise par le ciel, lequel, par le jeu des reflets dans l'eau, envahit la quasi totalité de la composition. Mécène clairvoyant, le baron Alphonse de Rothschild offrira cette œuvre au musée de Bordeaux dès 1890. Trois ans auparavant, la baronne Nathaniel avait donné une marine de Boudin au musée de Rennes.

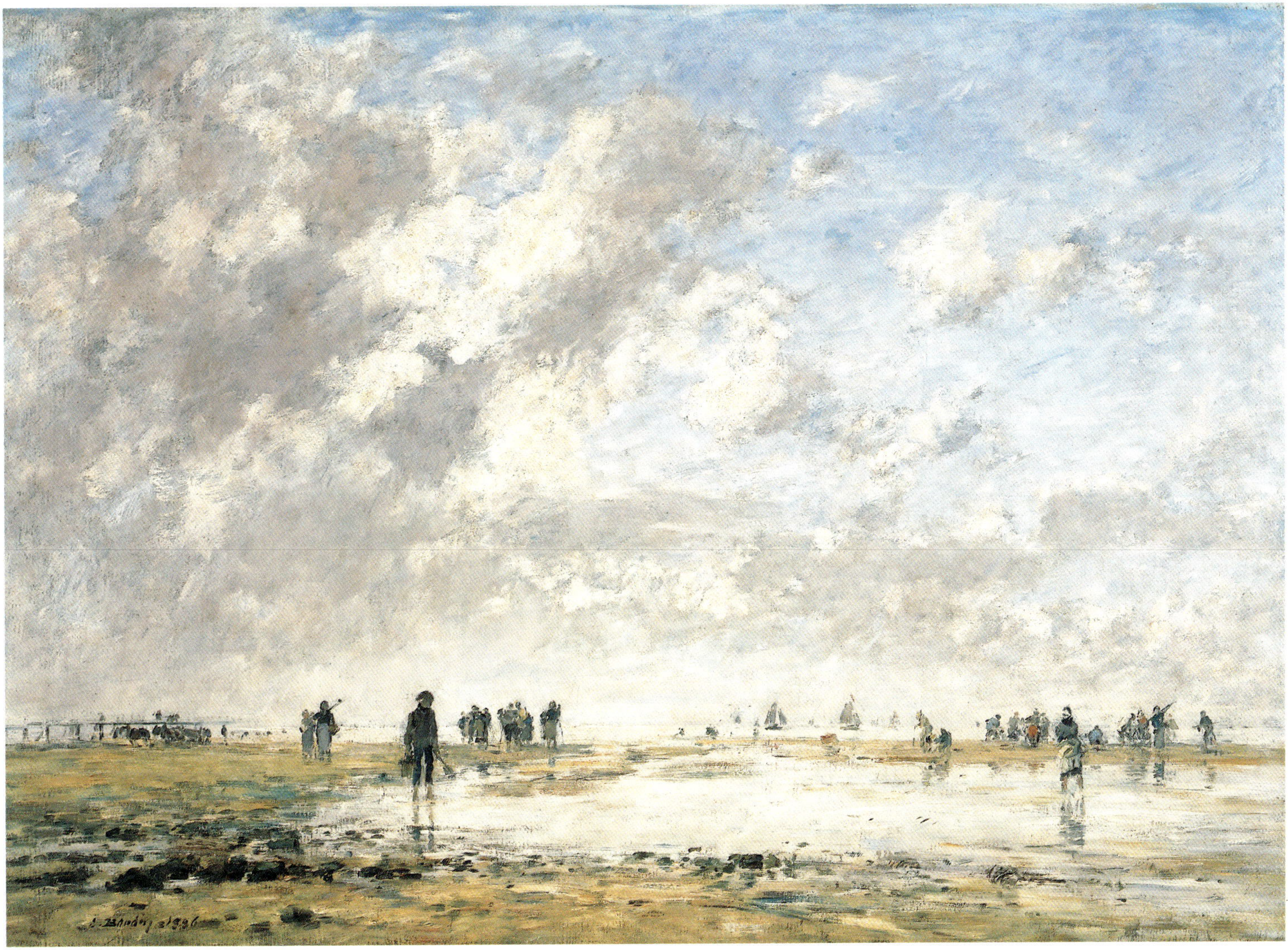

UN GRAIN

1886

Huile sur toile, 117 x 160 cm

Musée des Jacobins, Morlaix

« Là-bas, au-delà de la dune, la mer écume, un petit temps comme dans le tableau : un grain du Salon. » Au moment où Boudin écrit ces mots, il ignore encore que cette œuvre sera bientôt achetée 1 000 francs [soit 18 500 F actuels] par l'État, pour être déposée au musée de Morlaix, que rien ne prédestinait à un tel envoi. Deux ans plus tôt, l'État avait acquis un autre tableau de Boudin, *Marée basse à Sainte-Adresse* (musée de Saint-Lô). Cette peinture, de dimensions exactement similaires, avait été payée un peu plus cher : 1 200 francs [environ 22 000 F]. En dehors de son acquisition par l'État, ce tableau recèle quelques particularités. D'une taille peu courante pour une œuvre de Boudin, et d'une facture relativement sage, le *Grain* fait certaines concessions au goût officiel de l'époque. Car si Boudin peint rarement les convulsions d'une nature qu'il préfère plus amène, l'extraordinaire amoncellement de nuages donne à la composition un aspect quasi fantastique.

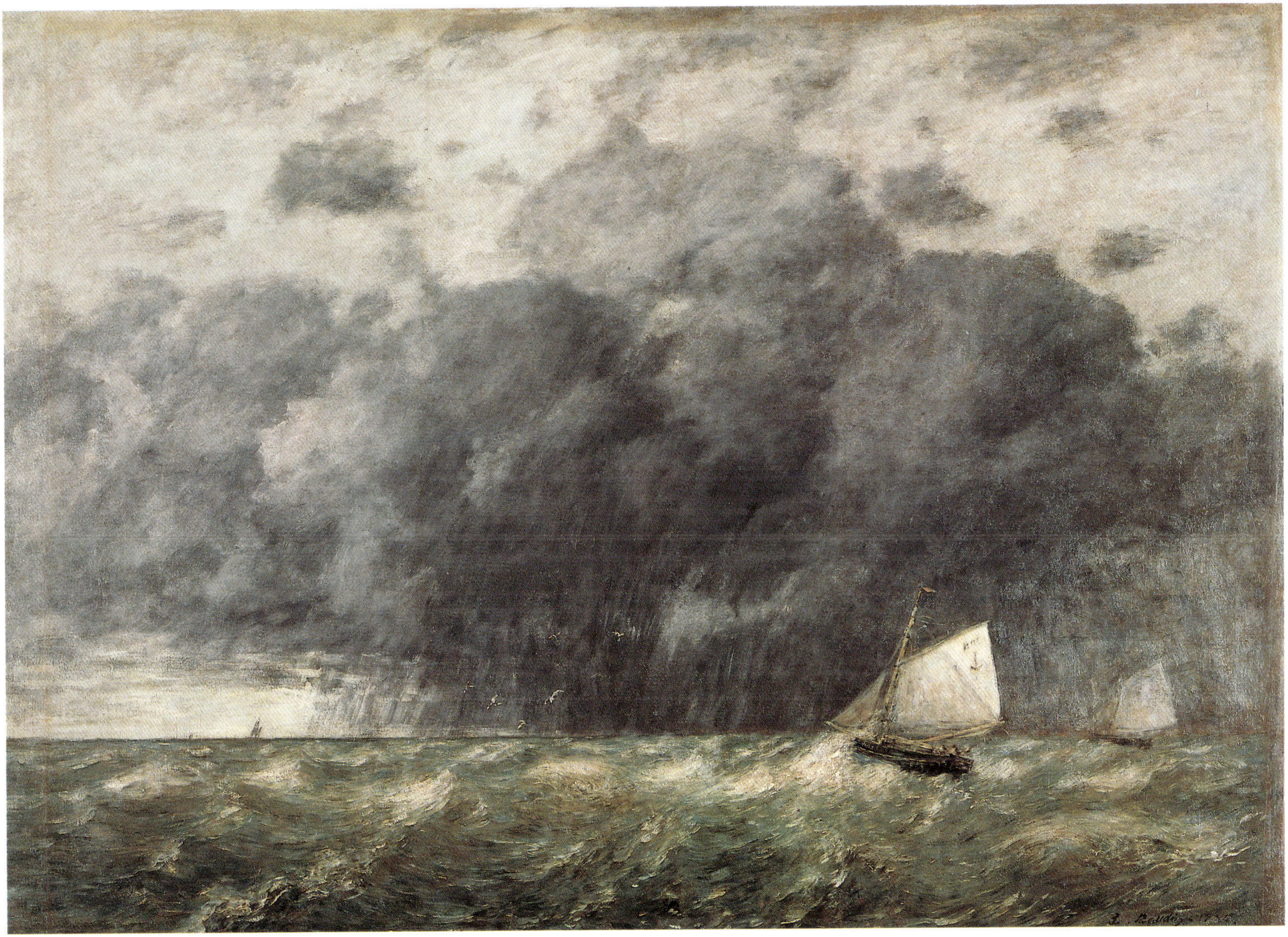

LA JETÉE DE TROUVILLE A MARÉE BASSE

1888

Huile sur toile, 32,5 x 41 cm

The National Gallery, Londres

« J'ai fini ma saison à Trouville, pauvre port abandonné des voiliers, car pendant deux mois nous n'en avons pas vu un seul. C'est ce qui m'a affligé – la disparition lente du voilier qui se fait déjà rare rendra la marine bien monotone. Quel parti tirer pour la peinture de ces lourdes chaudières en fer, gras et lourds *[sic]* et sans formes, sans voiles ! » Ce texte, écrit en 1893, exprime la déception de Boudin, face à l'évolution d'un lieu qu'il aimait énormément (p. 19). Aussi voyons-nous l'artiste se tourner désormais vers la mer et vers le ciel : « Il nous reste encore le ciel que personne ne peut abîmer... pas même la fumée rance des vapeurs... et la mer si fraîche et si vivante. » Dans la composition ci-contre, l'artiste s'est plu à jouer du contraste entre la Touques, immobile et luisante comme un miroir, malgré le ciel que l'on devine venteux, avec, au-delà des limites que lui imposent, à la manière d'un décor de théâtre, les jetées, la mer, animée, ourlée d'écume, vigoureuse.

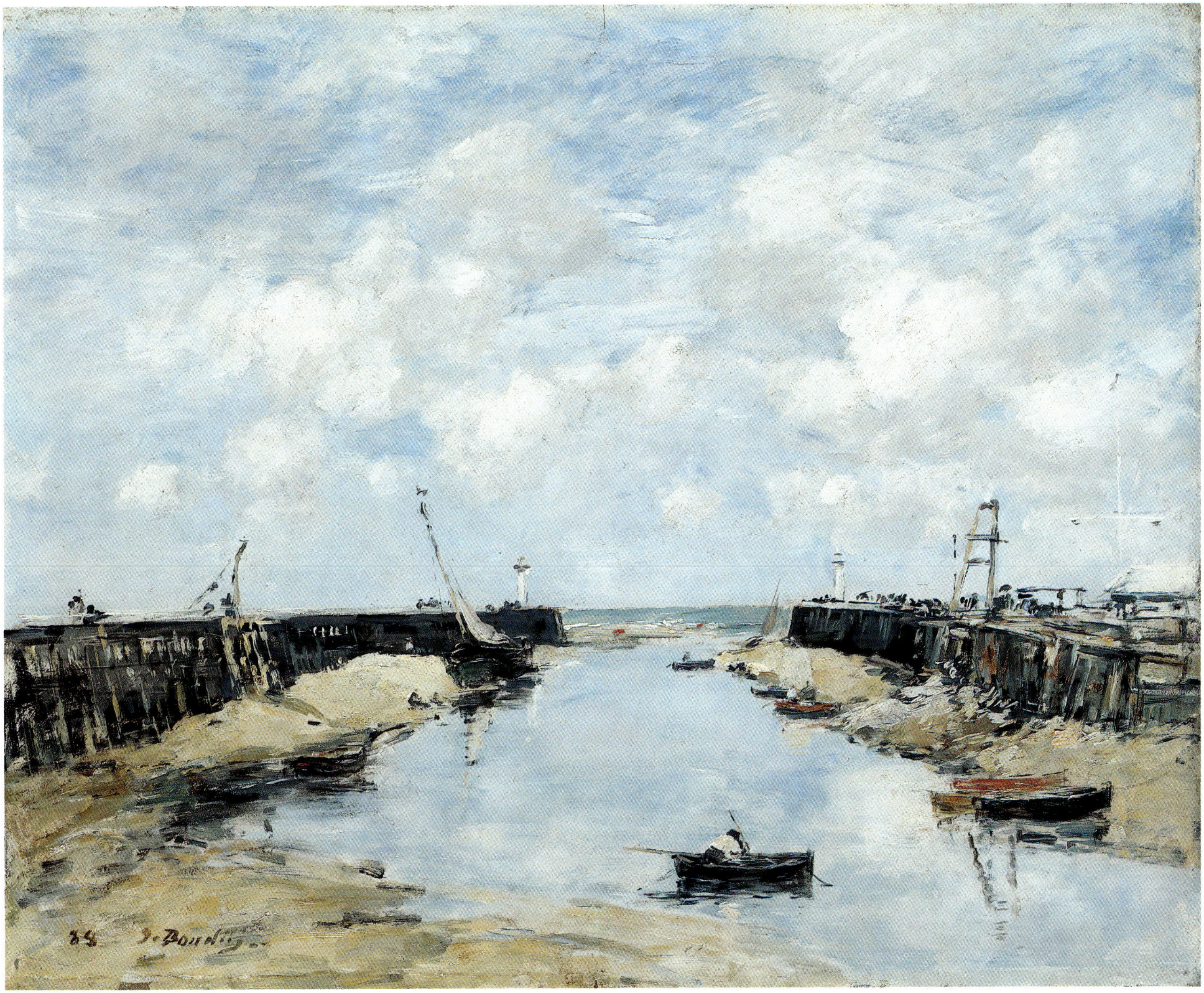

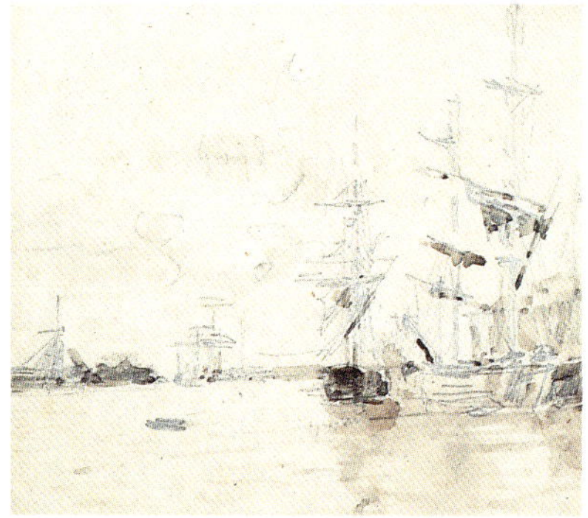

LE HAVRE, L'AVANT-PORT

1889

Huile sur panneau, 26,5 x 35 cm, collection particulière

Ci-dessus : mine de plomb et aquarelle, 1863-1869, collection particulière

« Quand j'ai pris possession de ma chambre, le port sous ma fenêtre et l'atmosphère jusque par dessus les toits étaient entièrement remplis par la fumée bistre des bateaux à vapeur. Les gros tourbillons de cette fumée se mêlent avec les jets de vapeur blanche qui s'élancent en sifflant de la soupape des machines. » Cette description, faite par Stendhal en 1838, au moment où l'expansion du Havre commence à peine, permet d'imaginer l'activité qui devait régner cinquante ans plus tard, dans ce qui était devenu le second port de France. Allusion à cette vie trépidante, qu'il connaît bien, mais qu'il aime peu, Boudin peint la fumée épaisse et les remous d'un vapeur, à droite. La fumée estompe en partie la mâture du voilier, avant de se fondre dans le ciel, doré par le crépuscule. Le peintre est un rêveur, il l'avoue lui-même. Dans cette peinture, il se montre un digne héritier de Claude Lorrain et, sous les apparences du réalisme, nous découvrons un monde onirique. Le soleil attire notre œil vers la passe, gardée par la tour François Ier, dont on distingue la silhouette massive. Là-bas, dans la brume lumineuse, un navire en partance s'apprête à quitter le port. Il se dirige vers l'horizon embrasé, qui évoque un monde irréel.

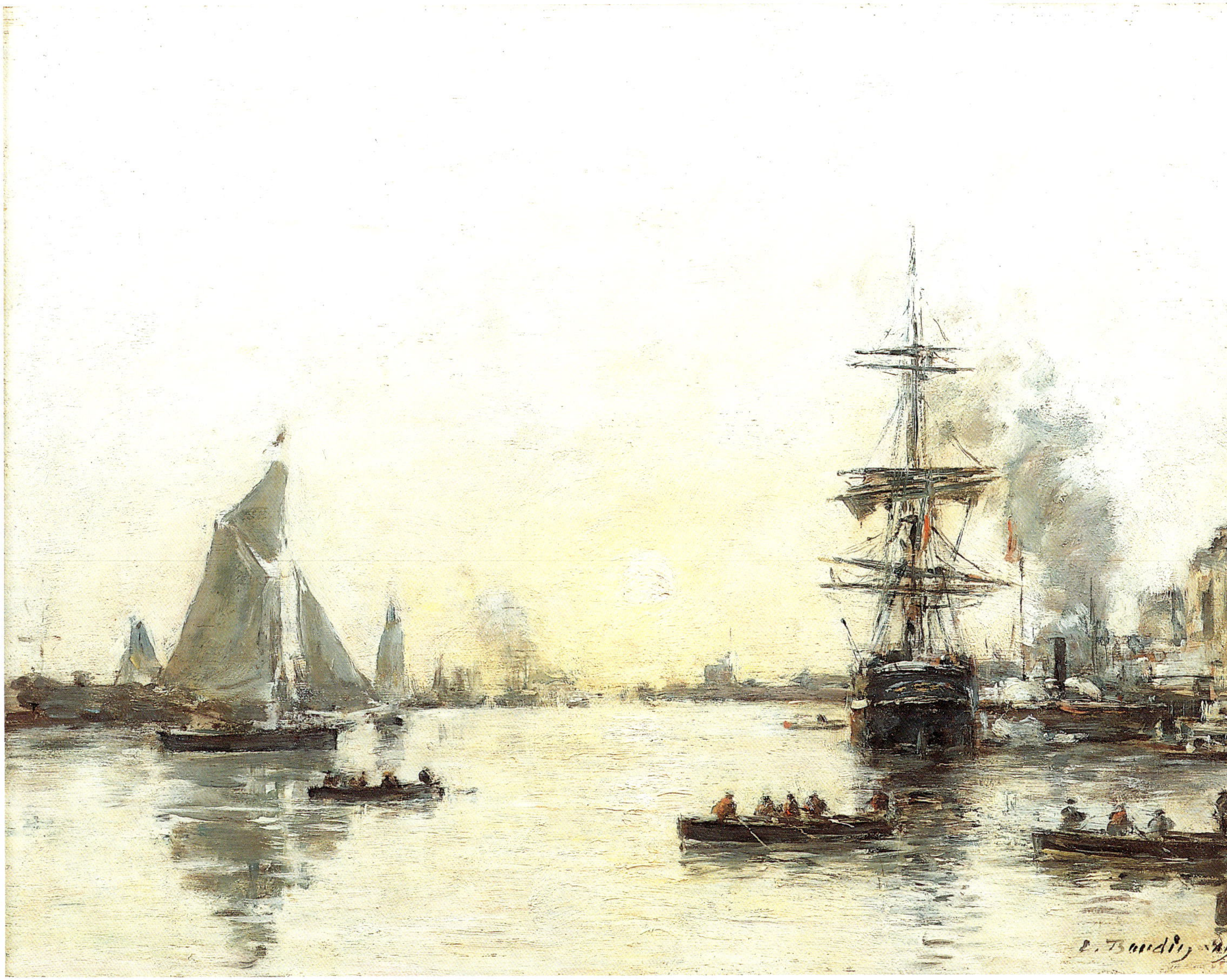

ÉTUDE DE CIEL
SUR LE BASSIN DU COMMERCE DU HAVRE

1888-1895

Huile sur panneau, 27 x 41 cm

Musée des Beaux-Arts, Le Havre

S'il préfère les plages, Boudin sait aussi tirer partie des effets de fumées, liés au développement de la vapeur. Il démontre ainsi que la poésie peut naître de l'âpre réalité industrielle. Il est difficile, devant cette petite œuvre, de ne pas songer à *Impression, soleil levant*, peint par Monet, également au Havre, mais en 1872 (musée Marmottan, Paris). Si l'antériorité de l'œuvre phare de Monet ne peut être remise en question, dans ses esquisses – peut-être trop tardivement datées par les spécialistes – Boudin montre une liberté qui égale parfois celle de son élève. La peinture reproduite ici en est la preuve. Outre l'effusion des couleurs et le fractionnement de la touche, les formes des bateaux se réduisent à des signes noirs, qui évoquent la peinture chinoise. Mais, et sans doute est-ce la différence entre les deux peintres, Boudin, dans ses peintures officielles, n'osera jamais vraiment s'affranchir de certaines conventions, alors que Monet traitera ses œuvres publiques ou privées avec la même hardiesse.

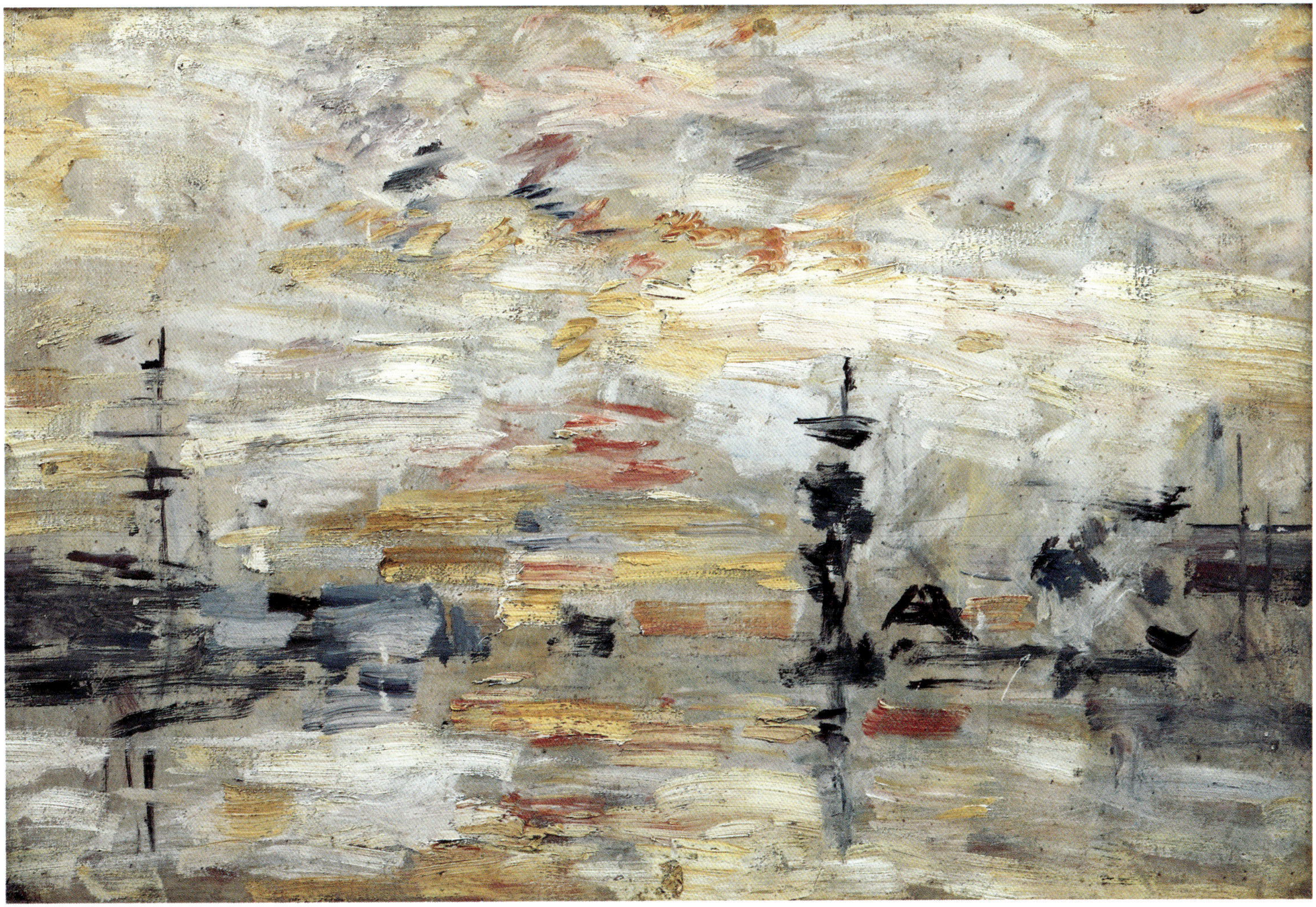

ÉTUDES DE CIEL

1888-1895

Huiles sur panneau, 27 x 22 cm

A gauche : collection particulière

A droite : musée des Beaux-Arts, Le Havre

Avant Boudin, l'étude de ciel, indépendante de tout paysage, avait été pratiquée par les Anglais et par les Romantiques français, notamment par Delacroix. Toutefois, Boudin ne connaissait probablement pas cette part de la production de ses prédécesseurs. Il ne découvrira la peinture anglaise, « Turner, Constable, et autres », qu'en 1894. En outre, ces œuvres étant considérées par les artistes comme des études à proprement parler, elles ne quittaient généralement pas le secret de l'atelier. A toutes les périodes de sa vie, et dans différentes techniques, Boudin exécutera des études de ciel, ce qui rend difficile leur datation. Cependant, les études objectives, « météorologiques », des débuts (voir p. 10) font progressivement place à des représentations de brefs flamboiements crépusculaires, dans lesquelles la couleur l'emporte presque sur le sujet. L'artiste adapte sa touche, plus ou moins large, à la forme des nuages. Il n'hésite pas à laisser certaines zones vierges, ou à peine esquissées. Conscient du décalage entre la liberté de ses œuvres et le goût de son époque, Boudin gardera la plupart de ces études dans son atelier, jusqu'à sa mort.

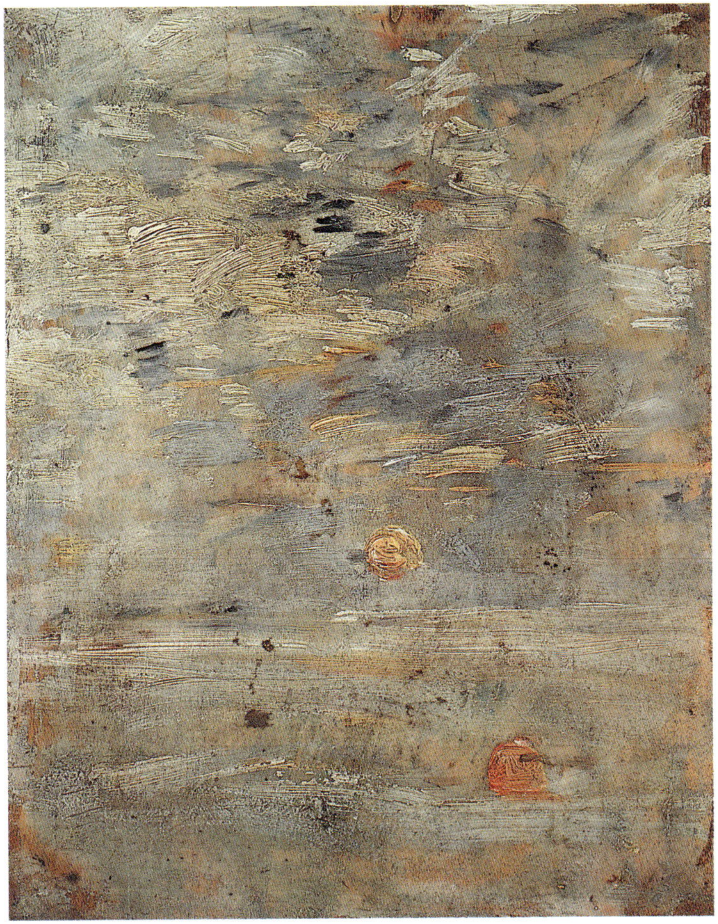
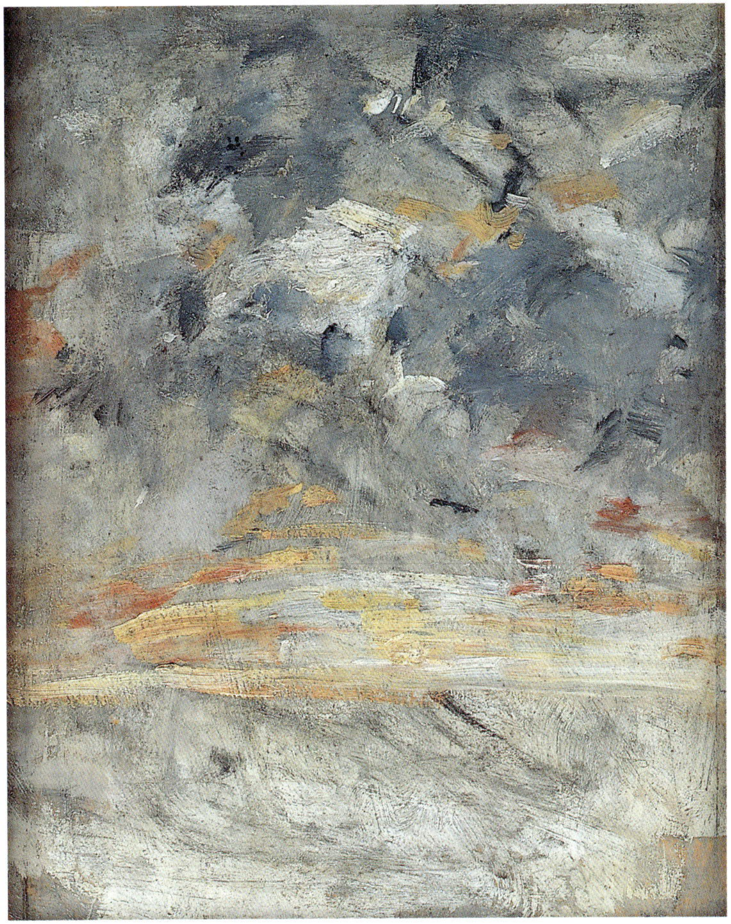

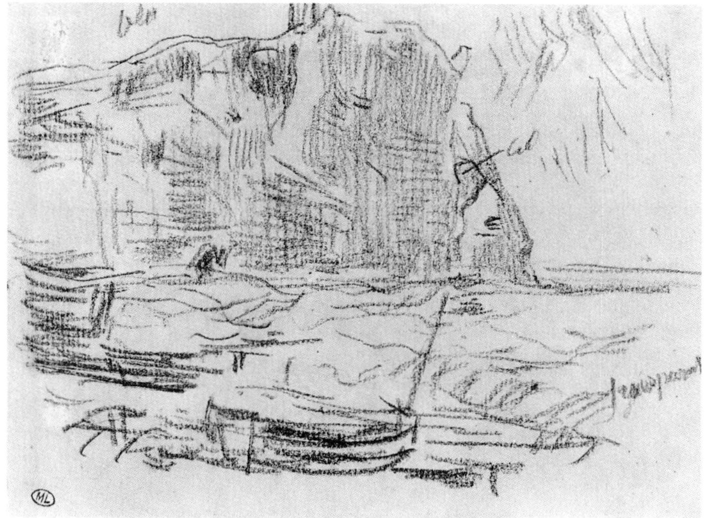

ÉTRETAT : BARQUES ÉCHOUÉES SUR LA PLAGE

1890-1894

Huile sur panneau, 38 x 58 cm, musée des Beaux-Arts, Le Havre

Ci-dessus : crayon noir, musée du Louvre, Paris

En 1890 et en 1891, Boudin se rend à Étretat, pour de brefs séjours. Il connaissait déjà les lieux, pour y être venu dès 1854. A cette époque, il dessinait plus qu'il ne peignait et se montrait surtout intéressé par la vie des pêcheurs. Il est incontestable que, désormais, le paysage est le seul véritable sujet, même si la présence encombrante des barques, des cabestans, des cordages et des calloges (barques couvertes de chaume, visibles dans la partie droite de la peinture) représentent autant d'allusions au monde des pêcheurs. Ici, nous voyons parfaitement la convergence entre les manières de peindre et de dessiner de l'artiste. La touche, comme les traits, sont posés et tracés parallèlement, afin de rendre les strates de la falaise. Mais, grâce au jeu de la lumière sur la pierre, et à l'ouverture sur le ciel, Boudin a estompé la forte présence de la falaise, évitant ainsi l'impression d'enfermement qu'elle n'aurait pas manqué de provoquer.

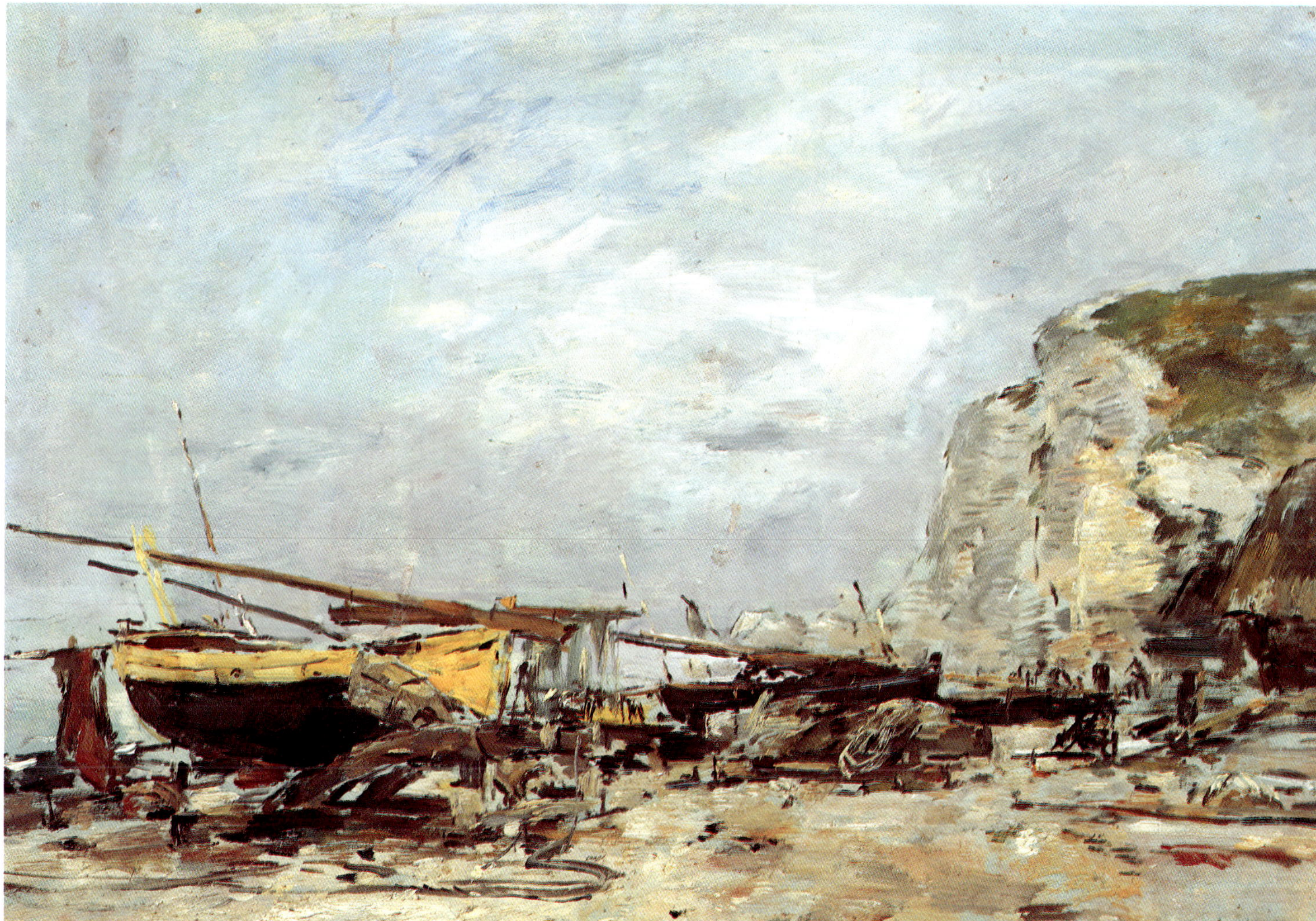

LE PORT D'ANTIBES

1893

Huile sur toile, 46 x 66 cm

Musée d'Orsay, Paris

Au début du printemps 1893, Boudin fait un séjour à Antibes. Peu habitué à la « clarté des ciels » du Midi, il se dit incapable de juger correctement ses premiers essais. Malgré ces débuts difficiles, il s'enthousiasme finalement pour cette région : « Je me suis mis à travailler avec une ardeur digne d'un jeune homme... je travaille mes huit heures par jour comme un simple ouvrier mais comme c'est en plein air et au bord de la mer [...] je résiste à ce régime qui tuerait un jeune. » L'artiste découvre finalement que « c'est au Midi qu'il faut demander la lumière ». Au contact de cette dernière, la palette du peintre devient plus claire, sa touche plus transparente, et les œuvres prennent un aspect chatoyant. La peinture reproduite ici, offerte aux musées de France par la duchesse de Windsor, est typique de cette évolution. Dans cette composition harmonieuse, aux horizontales dominantes, et où les tons chauds et froids s'équilibrent, ce qui concourt à donner une impression de sérénité, le ciel est d'une délicatesse extraordinaire, et les fortifications semblent irradier la lumière, au même titre que les légers nuages de l'arrière-plan. Même les ombres apparaissent d'une grande clarté. L'artiste a joué de la correspondance entre l'ocre des rochers du premier plan et des toits de la ville. Quant à la mer, paisible, elle a la même couleur lavande que les montagnes brumeuses de l'arrière-plan.

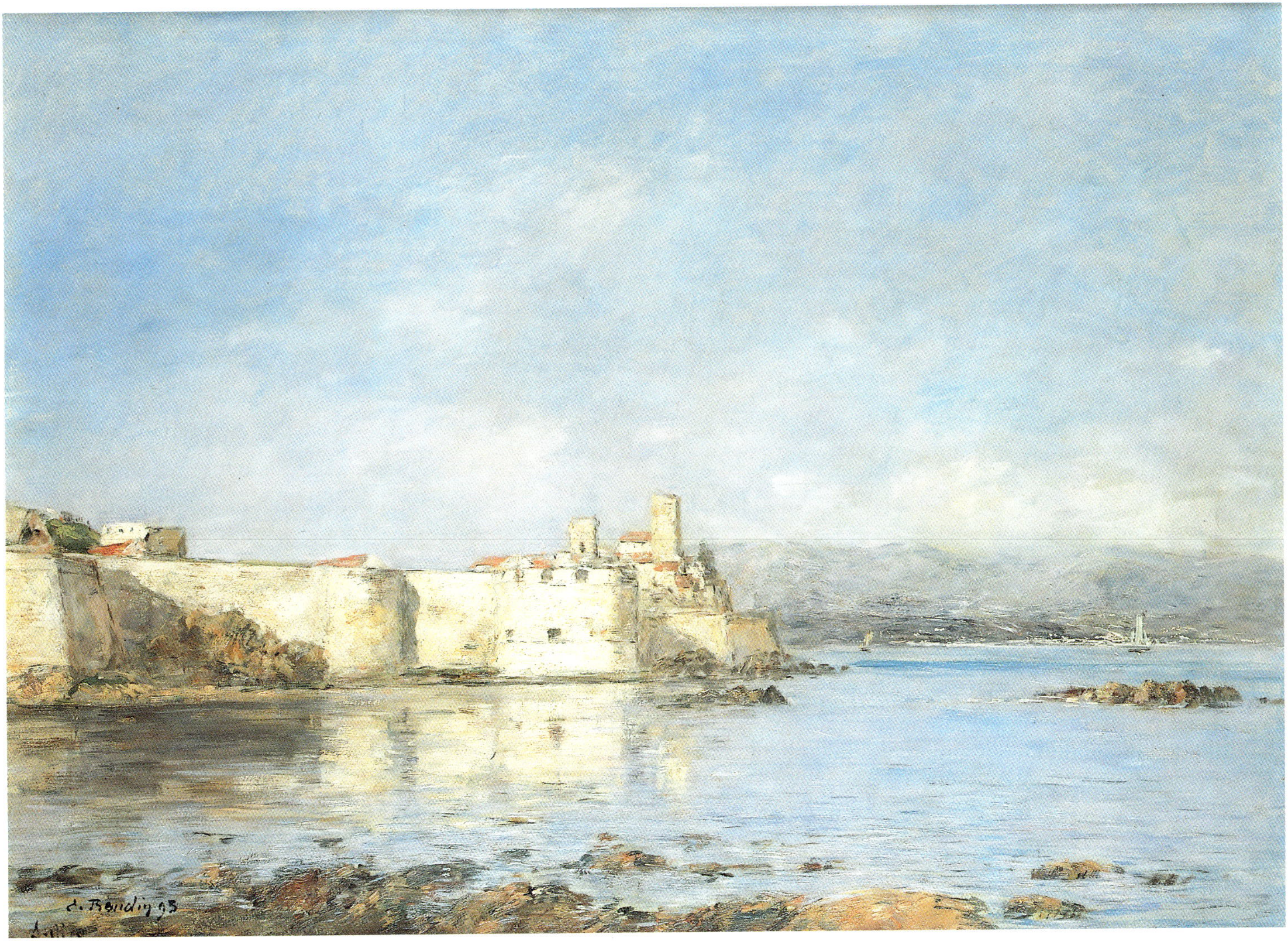
E. Boudin 93

L'ÉTÉ A TROUVILLE

vers 1894-1897

Huile sur toile, 40 x 74 cm

Musée des Beaux-Arts, Le Havre

En 1884, assuré du soutien financier de Durand-Ruel, Boudin décide de faire construire une maison, rue Oliffe, à Deauville. « Ma femme prétend que ça ressemble à ces cages hollandaises qui sont en forme de maison, et qu'il n'y manque que l'anneau pour la suspendre. » En 1889, le peintre peut y installer son « petit atelier champêtre ». Désormais, entre ses déplacements et ses séjours hivernaux à Paris, la "villa Marinette", rebaptisée par la suite "villa Juliette", deviendra son port d'attache, et c'est là qu'il mourra, en 1898. A deux pas de cette « cabane au toit rouge », se trouvent les paysages que Boudin apprécie particulièrement, et dont il va exécuter un certain nombre de vues, notamment lorsque « l'élément parisien a tout à fait disparu ». Mais, il le dira lui-même à propos d'une *Plage de Trouville* de cette époque, peindre ainsi un paysage vaste et vide est « une sorte de tour de force, le tableau étant en clair, sans ombres ni repoussoirs je ne puis me rendre compte de la vraie lumière qui doit le réchauffer et lui donner son effet juste ».

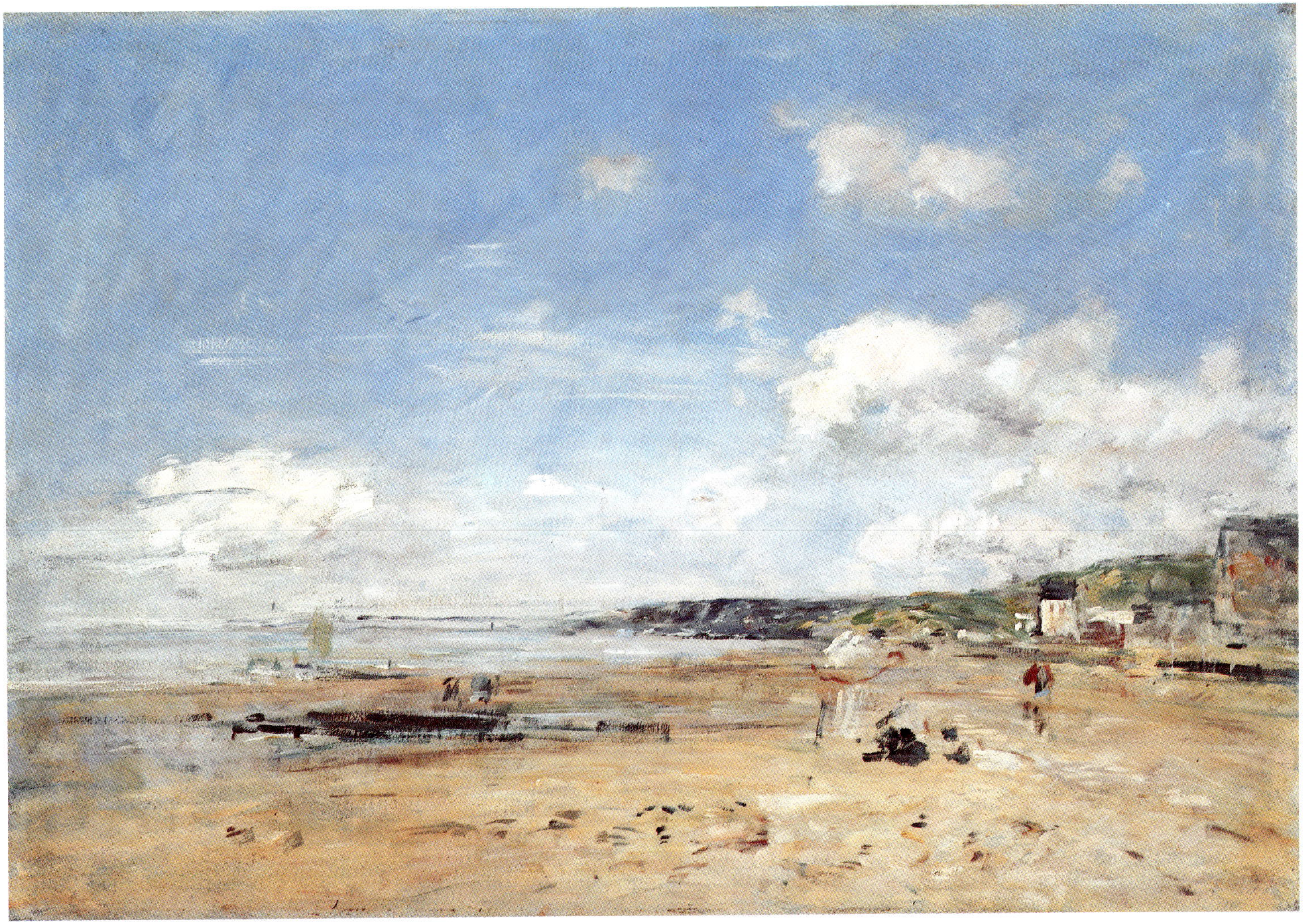

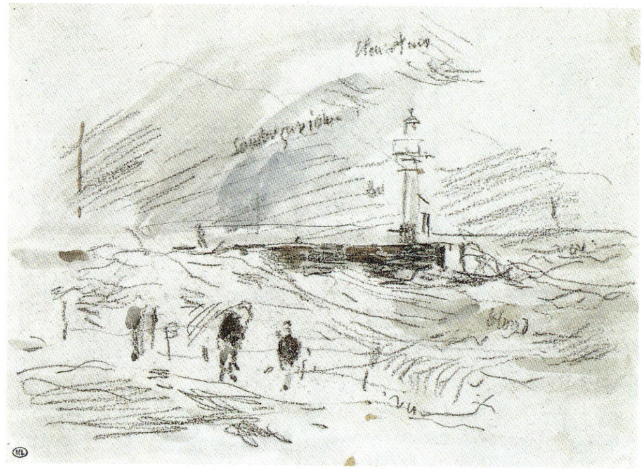

ENTRÉE DES JETÉES DU HAVRE
PAR GROS TEMPS

1895

Huile sur toile, 51 x 75 cm, musée des Beaux-Arts, Le Havre

Ci-dessus : crayon noir, aquarelle, musée du Louvre, Paris

Au cours des dernières années de sa vie, Boudin, dont la santé s'érode, se voit contraint d'abandonner son habitude de peindre en plein air. Il utilise alors une méthode de travail traditionnelle : dessin sur le motif, esquisse à l'huile « sur le lieu ou sur l'impression toute fraîche », puis élaboration du tableau dans l'atelier. L'œuvre définitive, dont nous voyons ici les études préparatoires, se trouve dans une collection particulière. Une autre version, intitulée *Coup de vent devant Frascati, Le Havre*, sera exposée au Salon de 1897 et achetée à cette occasion par la Ville de Paris (musée du Petit-Palais). Si Boudin ne représente pas souvent les éléments déchaînés, il réussit néanmoins à rendre la puissance de ces derniers. Dans l'esquisse à l'huile, l'harmonie des gris domine, donnant l'impression de ciel bouché, et accentuant l'impression de violence des vagues, alors que, dans les œuvres définitives, plus proches de la transparence du dessin aquarellé, les verts l'emportent, créant ainsi une harmonie froide, que renforcent les blancs de l'écume, du phare et d'un nuage.

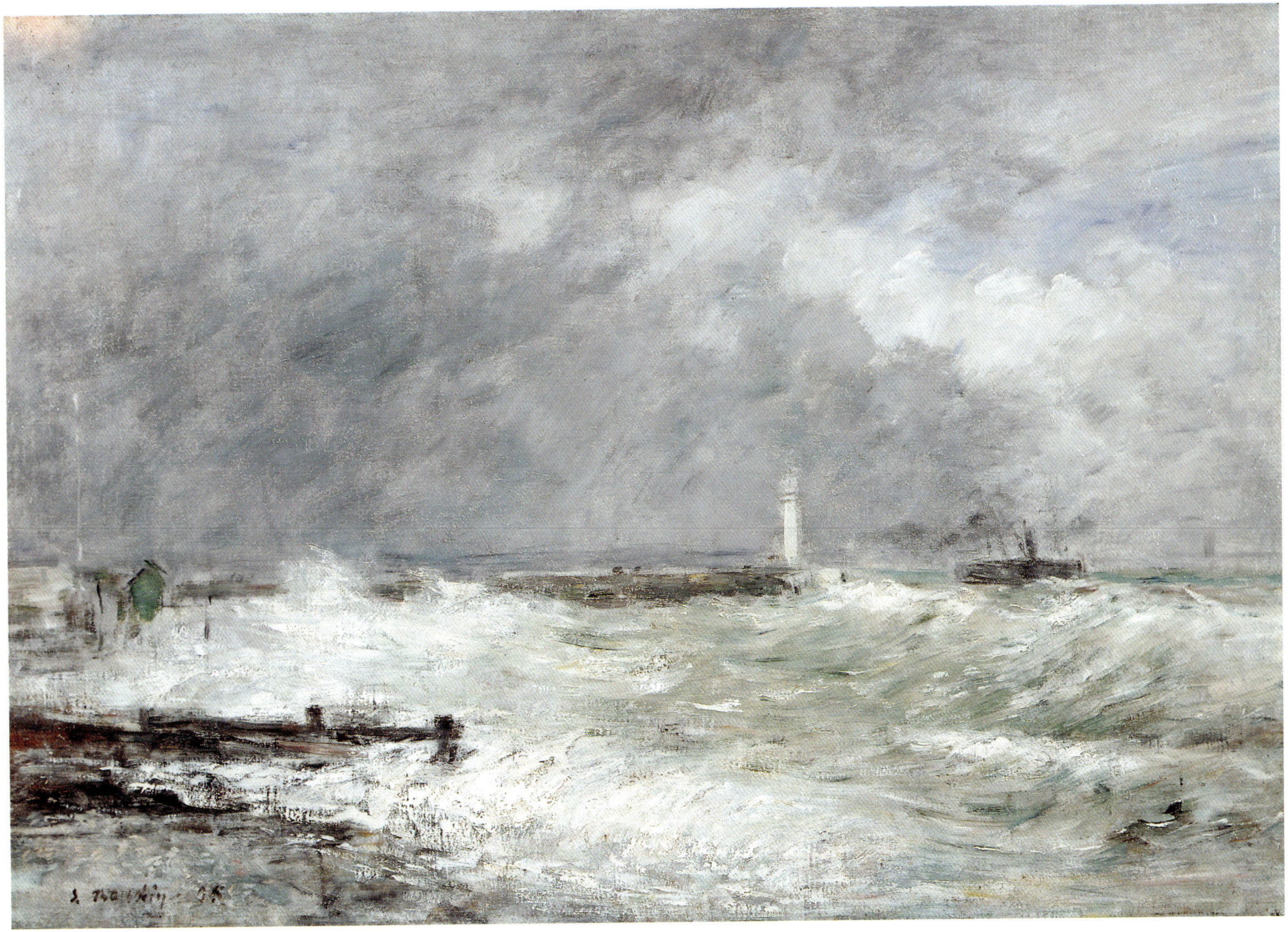

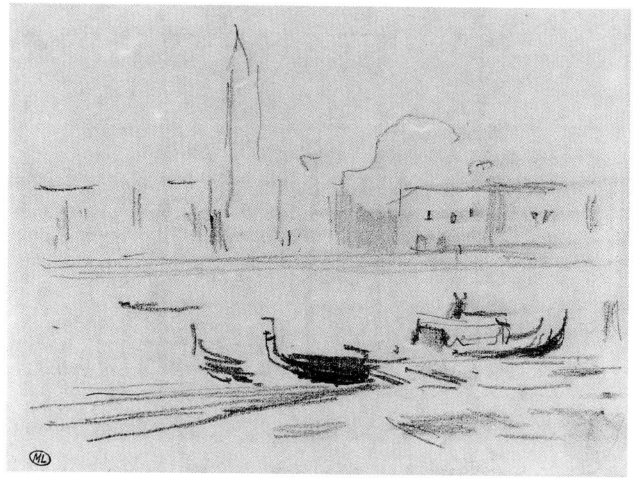

VENISE, LE QUAI ET L'ÉGLISE SAN BIAGIO

1895

Huile sur panneau, 20,6 x 39,5 cm, musée des Beaux-Arts, Reims

Ci-dessus : *Vue prise de San Giorgio*, vers 1892-1894

Mine de plomb, musée du Louvre, Paris

« Pour le moment je suis occupé à faire quelques vues de Venise – superbe ville – je n'ai pas besoin de vous le redire, mais quelque peu déguisée par les peintres habituels du pays qui l'ont bien un peu défigurée en en faisant un pays chauffé par les soleils les plus ardents et les plus chauds. Venise, au contraire, comme tous les pays lumineux, est d'un coloris gris, l'atmosphère en est douce et brumeuse, et le ciel s'y pare de nuages tout comme un ciel de nos contrées normandes ou hollandaises. » Amoureux des tons délicats et des gris colorés, Boudin, parfaitement maître de sa palette et de son pinceau, va éprouver un plaisir intense à travailler dans ce lieu où, effectivement, comme en Normandie et aux Pays-Bas, l'atmosphère saturée d'eau donne aux couleurs un éclat subtil. Peindre "la perle de l'Adriatique" avait été sans doute l'un des principaux désirs secrets, mais aussi la grande hantise de l'artiste. L'année suivante, celui-ci concluera : « Le voyage à Venise aura été mon chant du cygne. »

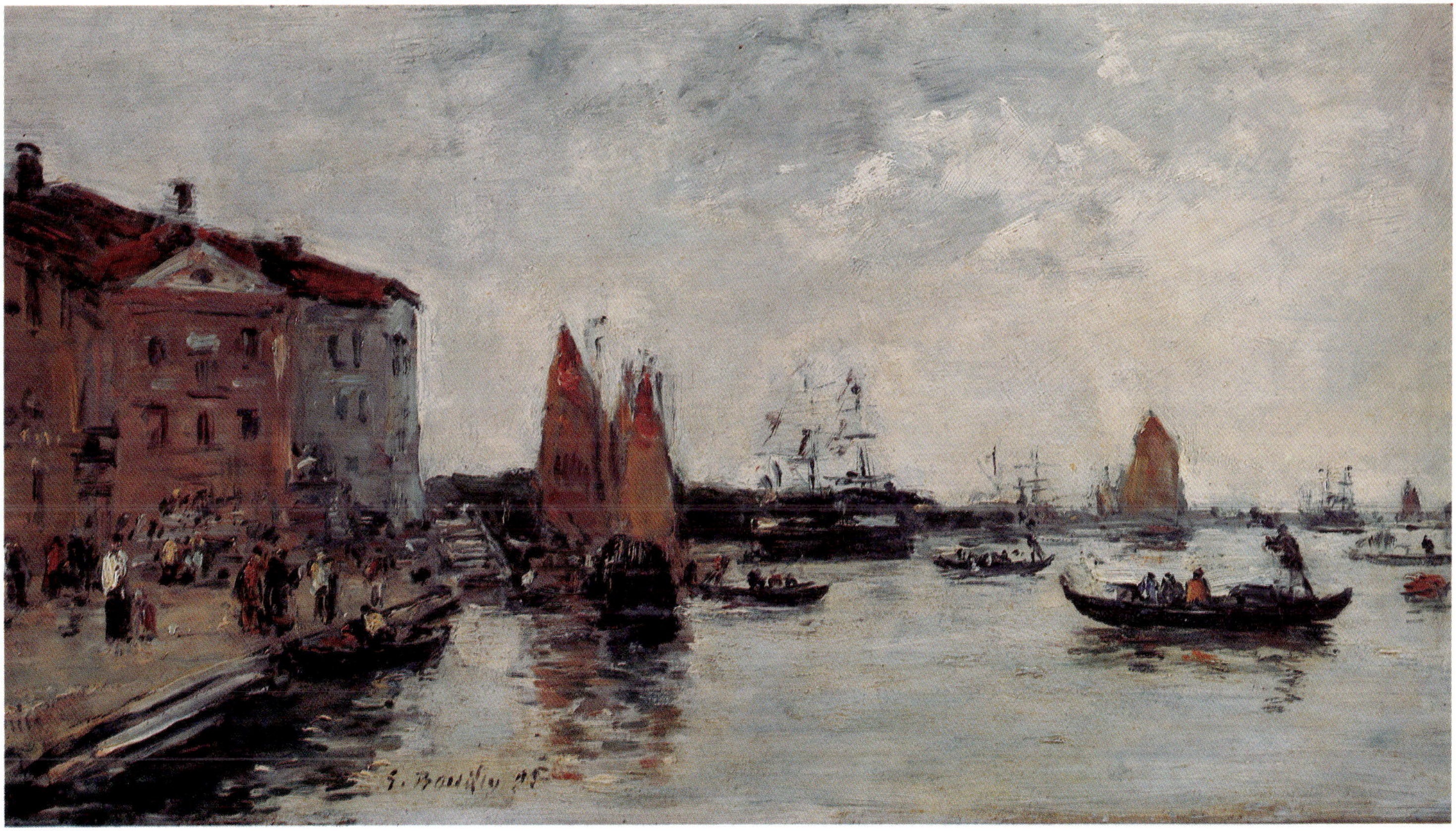

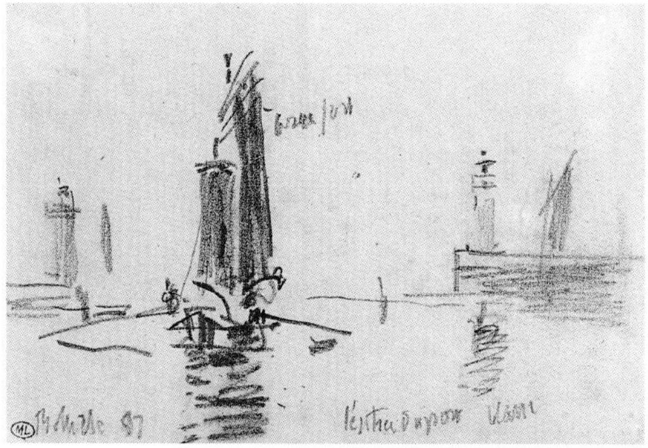

DOUARNENEZ, LA BAIE VUE DE L'ÎLE TRISTAN

vers 1897

Huile sur toile, 36 x 58 cm, collection particulière

Ci-dessus : *Belle-Ile*, crayon noir, musée du Louvre, Paris

Au printemps 1897, Boudin entreprend un dernier périple en Bretagne. Le voyage durera deux mois et le mènera du Pouliguen à Douarnenez. Le peintre veut revoir des lieux qu'il a visités trente ans plus tôt, et en découvrir d'autres, que ses confrères, notamment Monet et Gauguin, ont mis à l'honneur entre temps, tels Belle-Ile, la Pointe du Raz ou Pont-Aven. Lorsqu'il s'était rendu pour la première fois en Bretagne, en 1855, Boudin avait dessiné et peint le port de Douarnenez. Comme à Honfleur (p. 13), il y avait décrit la vie des pêcheurs. Sa manière sagement descriptive n'annonçait alors en rien les ultimes flamboiements picturaux et le dessin tellement évocateur, malgré sa remarquable sobriété, qui caractériseront son œuvre quelque quarante ans plus tard. Boudin transpose ici, mais dans une œuvre plus ambitieuse, le résultat de ses études de ciel sur la mer (p. 51). Les éléments, ciel, mer et terre, ne sont plus prétextes qu'à la mise en scène d'un chromatisme à la fois clair et puissant, autorisé par le crépuscule, combiné avec des touches fractionnées, qu'imposent les formes des nuages, des vagues et des rochers. Il est clair que, dans ce type d'œuvre, si le sujet, un crépuscule, conserve tout son sens (différence fondamentale avec la peinture non-figurative), le lieu inspirateur de la représentation, lui, n'importe plus vraiment.

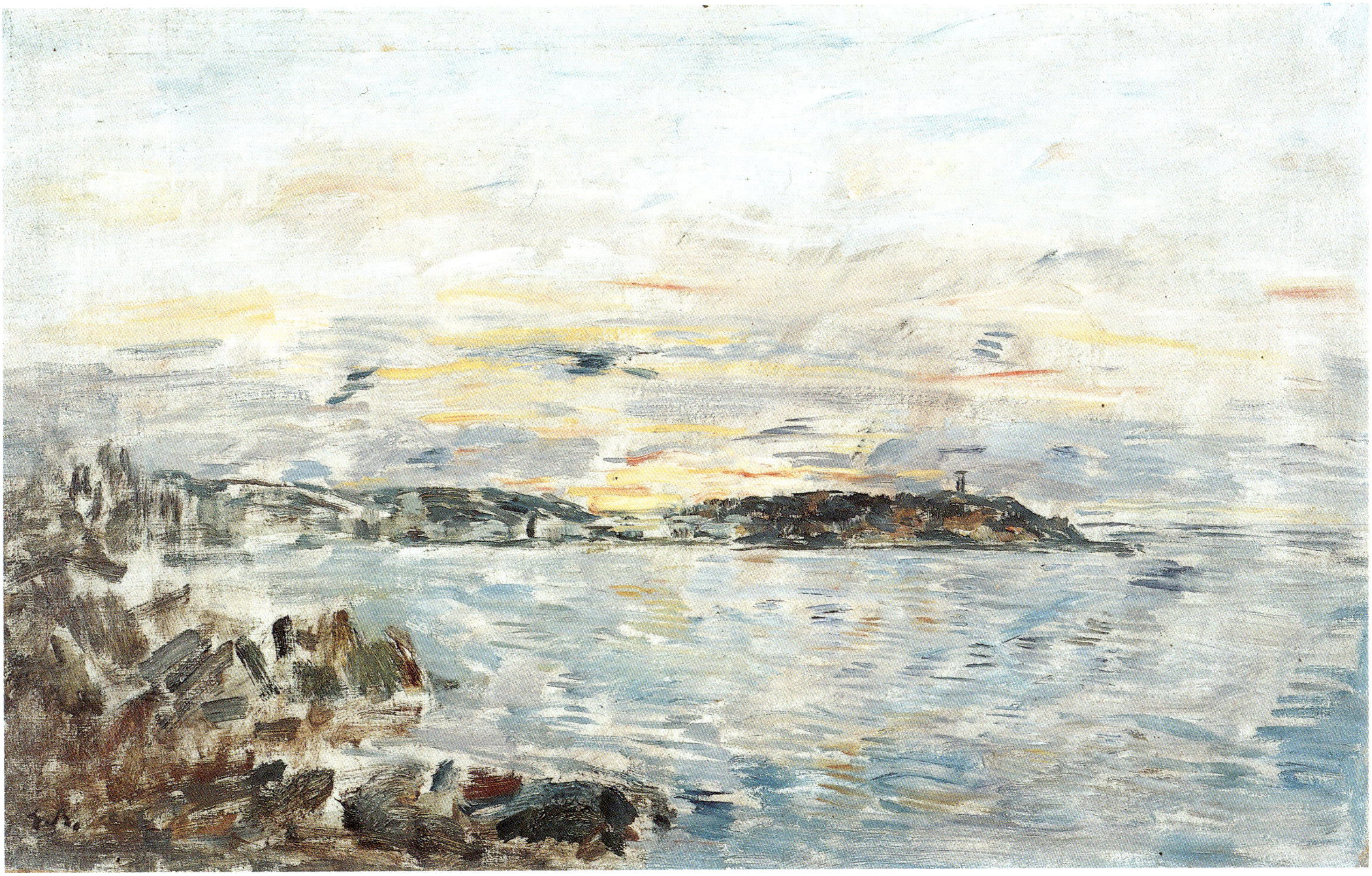

Quelques dates

1824 : naissance à Honfleur.
1835 : la famille Boudin s'installe au Havre.
1836 : devient commis chez un imprimeur.
1844 : s'associe pour fonder une papeterie.
1846 : abandonne le commerce et se consacre à la peinture.
1851 : reçoit une bourse d'étude de la ville du Havre pour aller étudier pendant 3 ans à Paris.
1854 : revient au Havre, séjourne à Honfleur.
1855 : premier séjour en Bretagne.
1858 : rencontre Monet au Havre.
1859 : rencontre Courbet au Havre et Baudelaire à Honfleur. Expose pour la 1ère fois au Salon.
1862 : rencontre Jongkind à Honfleur.
1863 : mariage au Havre. Inaugure une organisation qui variera peu : hiver à Paris, été sur les côtes.
1870 : part pour la Belgique.
1872 : assure Courbet, incarcéré, de sa fidèle amitié.
1874 : début de la crise du marché de l'art.
1881 : Durand-Ruel lui achète son stock.
1884 : préside sans « habit noir ni croix ni plaques » le banquet Ribot, « banquet contre l'Institut », selon les Goncourt.
1888 : l'État lui achète 1 200 francs [plus de 20 000 F] *Une corvette russe dans le bassin de l'Eure – Le Havre* pour le musée du Luxembourg.
1889 : mort de sa femme. Reçoit la visite de Puvis de Chavannes à Deauville.
1890 : expose désormais avec la Société nationale des Beaux-Arts.
1891 : affecté par la mort de ses amis Jongkind et Ribot.
1892 : chevalier de la Légion d'Honneur.
1897 : état de santé préoccupant.
1898 : meurt à Deauville, enterré au cimetière Saint-Vincent de Montmartre.

Quelques ouvrages

De Knyff, Gilbert : *Eugène Boudin raconté par lui-même. Sa vie – son atelier – son œuvre*, Mayer et De Knyff, Paris, 1976.
Delouche, Denise : *Eugène Boudin et la Bretagne*, URSA, 1987.
Jean-Aubry, Gérard : *Eugène Boudin. La vie et l'œuvre d'après les lettres et les documents inédits*, Paris, 1922. Rééditions : Ides et Calendes, Neuchâtel, 1977 ; avec la collaboration de Robert Schmit, Paris, 1988.
Lemoine, Pascale : *Boudin roi des ciels*, Bibliothèque des Arts, Lausanne, 1981.
Manœuvre, Laurent : *Eugène Boudin dessins*, Anthèse, Paris, 1991.
Manœuvre, Laurent : *Boudin et la Normandie*, Herscher, Paris, 1991.
Schmit, Robert : *Eugène Boudin*, catalogue raisonné de l'œuvre peint, Paris, 1973, suppl., Paris, 1984, et Paris, 1993.
Selz, Jean : *Eugène Boudin*, Paris, 1983.
Exposition Boudin, catalogue, Honfleur, 1992.

L'auteur

Laurent Manœuvre est historien de l'art, responsable des banques de données de la Direction des musées de France.
Il a déjà consacré plusieurs ouvrages à Eugène Boudin et a également publié aux Éditions Herscher *Manet - Paris, Vélasquez - le Siècle d'or.*

Remerciements

Nous remercions vivement Mmes les Conservateurs des musées Eugène Boudin, à Honfleur, et des Beaux-Arts au Havre, MM. Manuel et Robert Schmit ainsi que tous les collectionneurs privés, qui ont préféré garder l'anonymat, pour l'aide qu'ils nous ont apportée dans la réalisation de cet ouvrage.

Couverture : *La jetée de Trouville*, 1869, huile sur toile, 64,8 x 92,8 cm, The Burrell Collection, Glasgow Museums.
Faux-titre : *Les régates au Havre*, 1892-1896, huile sur panneau, 27 x 21 cm, musée des Beaux-Arts, Le Havre.
Frontispice : *Rivage à Trouville*, vers 1894-1897, huile sur toile, 52 x 81,5 cm, collection particulière.
Page 5 : *Pêcheurs en rade du Havre*, 1852, huile sur panneau, 20 x 26 cm, musée Magnin, Dijon.
Page 6 : *Estuaire de la Seine près de Honfleur*, 1854-1860, pastel sur papier bleu, 15,6 x 19,7 cm, collection particulière.
Page 7 : *Sur la plage de Trouville*, 1863, huile sur panneau, 18,3 x 27,3 cm, collection particulière.
Page 8 : A gauche : *Nuages, ciel bleu et barques*, 1895-1897, huile sur panneau, 23 x 32 cm, musée des Beaux-Arts, Le Havre. **A droite** : *Crépuscule sur le Bassin du Commerce*, 1892-1894, huile sur toile, 40 x 55 cm, musée des Beaux-Arts, Le Havre.
Page 9 : A gauche : *Sur la plage*, 1888-1895, huile sur panneau, 13 x 18 cm, musée des Beaux-Arts, Le Havre. **A droite** : *Vaches au bord d'une rivière*, 1881-1888, huile sur toile, 32 x 46 cm, musée des Beaux-Arts, Le Havre.
Page 10 : *Ciel, nuages blancs sur l'estuaire*, 1854-1860, pastel sur papier beige, 15 x 20 cm, musée Boudin, Honfleur.
Page 11 : *Voiliers*, 1885-1890, huile sur panneau, 24,5 x 33,5 cm, musée d'Orsay, Paris.

Crédits photographiques :
Toutes les sources sont indiquées dans les légendes, sauf : Photographies © R.M.N. : 5, 11, 25, 33, 55 ; 16, 18, 26, 28, 31, 52, 58, 60 (musée du Louvre/Département des arts graphiques des musées du Louvre et d'Orsay, Paris).

Maquette : D.A. Graphisme/Daniel Arnault

ISBN : 978-2-7335-0276-1

Imprimé en France par I.M.E. - 25110 Baume-les-Dames
Dépôt légal : mai 2013
N° d'édition : 080276-05